KB058129

공소장 의견서
정식재판청구서
작성방법과 실제

편저 : 대한법률편찬연구회
(콘텐츠 제공)

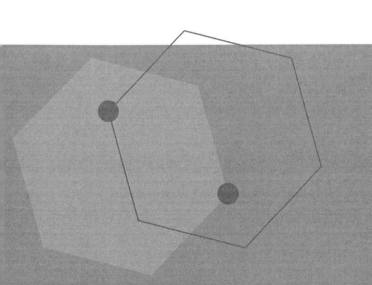

법문북스

사례별 작성, 접수, 마무리까지

공소장 의견서
정식재판청구서
작성방법과 실제

편저 : 대한법률편찬연구회
(콘텐츠 제공)

법문북스

머 리 말

검사는 형사사건에 대하여 수사한 결과 법원에 공소를 제기하는 경우 3가지로 분류할 수 있습니다.

첫째는 검사는 수사 결과 피의자를 구속하여 법원에 정식재판을 청구하는 구속 고공판을 할 수 있으며,

둘째는 피의자를 불구속하여 법원에 정식재판을 청구하는 불구속 구공판을 할 수 있고

셋째는 피의자를 불구속하여 법원에 약식재판을 청구하는 불구소 구약식을 할 수 있습니다.

검사가 법원에 정식재판을 청구하는 것을 기소 또는 공소제기라고 하며 검사가 공소를 제기할 때는 반드시 공소장을 법원에 제출하여야 합니다.

이때 법원은 검사의 공소제기가 있으면 공소장일본주의 원칙에 의하여 바로 피고인에게 공소장을 보내고 공소사실에 대한 피고인이 가지고 있는 생각을 적어 내라고 보내는데 이를 가리켜 의견서라고 하고 실무에서는 공소장 의견서라고 부릅니다.

피고인이 작성해 내는 의견서는 당해 재판장으로서도 공소

장일본주의 원칙에 의하여 검사가 제출한 공소장 이외의 그 어떠한 증거자료를 볼 수 없는 상황에서 피고인이 내는 의견서를 읽고 형사재판을 해야 하기 때문에 그만큼 의견서는 형사재판에 있어 중요한 역할을 담당하기 때문에 본서에서는 실무적으로 방향을 제시하고 피고인이 스스로 의견서를 작성할 수 있도록 만전을 기하였습니다.

정식재판청구는 약식명령이 발하여진 경우 그 재판에 대한 불복이 있는 자가 법정기간 내에 통상의 공판절차에 의한 심판을 청구하는 소송행위를 말합니다.

약식명령은 약식절차에 의하여 재산형을 과하는 특별한 형식의 재판을 말하는 데 약식절차는 공판절차를 거치지 아니하고 원칙적으로 서면심리만으로 피고인에게 벌금·과료를 과하는 간이한 형사절차를 말합니다.

대부분의 형사사건에서 약식명령이 차지하는 비중을 보더라도 약식절차의 중요성을 짐작할 수 있습니다. 한편 즉결심판을 받은 피고인이나 경찰서장도 즉결심판에 관한 절차법에서 정한 바에 따라 정식재판을 청구할 수 있습니다.

그러므로 정식재판청구는 원재판의 변경을 구하는 사법적 구제수단인 점에서 상소와 유사하므로 상소에 관한 규정이 일부 준용되나 상급법원이 아닌 원재판법원에 청구한다는 점에서 차이가 있습니다.

약식명령은 경미한 사안에 대하여 벌금·과료 등의 형을 과함으로써 단기자유형의 폐단을 방지할 수 있고, 번잡한 공판절차를 거침으로서 파생되는 절차와 시일을 절약할 수 있어 소송경제상으로도 유익하고 형사재판의 신속을 기할 수 있으며, 피고인의 사회적·심리적 부담을 덜어주기 위한 점에서 피고인의 이익을 보호하기 위한 제도라고 할 수 있습니다.

그러나 약식절차는 검사가 제출한 자료를 기초로 서면심리에 의하여 형을 선고하는 재판절차이므로 피고인에게 정식재판청구권이 인정되고 있으므로 약식명령에 대한 불복이 있는 피고인에게 정식재판청구서 작성방법을 적극 권장하고 싶습니다.

대한실무법률편찬연구회   19년 1월

차 례

제1장
공소장 의견서

제1절 /

공소장일본주의 원칙 −

　　검사가 형사사건에 대하여 공소를 제기할 때에 공소장 하나만을 법원에 제출하고 기타의 서류나 증거물은 일체 첨부·제출해서는 안 된다는 원칙을 말합니다.

　　수사기록 등은 재판 중에 따로 제출하도록 한 원칙을 말합니다.

　　그래서 형사소송규칙 제118조에는 '공소장에는 규정된 서류 외에 사건에 관하여 법원에 예단이 생기게 할 수 있는 서류 기타 물건을 첨부하거나 그 내용을 인용해서는 안 된다는' 내용이 담겨 있고, 공소장일본주의는 공소제기 방식의 하나로서 기소장일본주의라고도 합니다.

　　공소장일본주의는 당사자주의의 철저를 기하기 위하여 형사재판을 담당하는 법관이 어떤 선입관이나 편견을 미리 가지지 않게 하고 모든 당사자의 주장과 입증은 공판정을 통해서만 하게 하여 법관으로 하여금 백지의 상태로 공판에 임하게 함으로써 재판의 공정을 기하려는 데 그 취지가 있습니다.

　　특히 공소장일본주의는 피고인에게 이익이 되는 점도 있으나 실질적으로 불이익이 되는 경우도 적지 않습니다.

　　형사재판을 받는 피고인이 모든 증거서류를 미리 열람하여 사건 내용을 파악한 후 공판에 임한다면 그만큼 방어방법을 충분히 강구할 수 있으나, 공소장일본주의는 공판정에서 비로소 증거서류를 조사하게 되므로 소송 지연을 막기 위하여 피고인이 간단히 동의하면(형사소송법 제318조 제1항 참조) 바로 증거로 채택하게 되어 있으므로 자

첫 증거조사가 소홀히 다뤄질 염려가 있습니다.

실무상으로는 공소장일본주의 원칙을 취하고 있으므로 법원은 검사의 공소제기가 있으면 공소장일본주의 원칙에 의하여 피고인에게 공소장부본을 보내고 공소사실에 대한 피고인이 가지고 있는 생각을 적어 내라고 의견서를 보내고 있습니다.

그러므로 피고인이 적어 내는 공소장 의견서는 당해 형사재판에 있어서 매우 중요한 것입니다.

제2절 /

공소사실에 대한 의견 -

　　검사가 형사사건에 대하여 공소를 제기하기 위해 법원에 제출하는 문서를 공소장이라고 합니다.

　　공소장에 기재되어 있는 구체적 범죄사실 및 심판의 대상으로 공소장 범죄의 특별구성요건을 적시하여 검사가 법원에 심판을 청구하는 범죄사실을 '공소사실'이라고 합니다.

가, 공소사실에 대한 인정여부

　　피고인은 공소장을 읽고 공소사실에 대하여 인정하는지 부인하는지 인부를 하여야 하는데 공소사실의 인부는 의견서 작성에 있어 가장 중요한 부분입니다.

　　검사가 법원에 제출한 공소장에는 피고인에 대한 인적 사항, 범죄사실에 적용되는 형사 처벌규정, 검사가 범죄사실로서 인정한 범죄의 구체적 사실과 그 범죄 사실의 평가에 관련된 법률적 의견을 기재하고 있습니다.

나, 공소사실을 인정하지 않거나 사실과 다른 부분이 있다고 하는 경우 그 이유

　　공소장에는 기본적으로 검사가 수사를 통하여 수집한 증거에 기초하여 정리된 사실이 있고, 여러 사실을 종합하여 검사가 자의적으로 판단한 의견 부분도 있고, 의견과 사실이 합쳐져 정리된 부분도 있습니다.

　　따라서 공소장의 내용에 대한 피고인이 의견을 정리할 경우 우선

공소사실 중에서 사실부분과 의견부분을 추려서 구분하고 사실부분에 대한 공소사실에 대해서는 세부적인 증거를 검토하고 인부를 결정해야 합니다.

당해 형사사건의 당사자이자 피고인은 누구보다도 사건을 자세히 알고 있기 때문에 공소사실의 증거와 사실이 서로 맞지 않는 것이 있다면 어떤 부분 무엇이 어떻게 다른 것인지 그 이유를 구체적으로 기재해야 합니다.

공소사실이 증거 없이 사실을 인정한 부분이 있거나 또는 증거가 부족한데 사실을 인정한 부분이 있으면 그 이유를 설명해야 합니다.

당해 형사사건을 담당하는 재판장으로서도 검사가 제출한 공소장 이외에는 그 어떠한 수사기록도 공소장일본주의 원칙에 의하여 볼 수 없기 때문에 백지 상태에서 피고인이 작성해 내는 의견서를 읽고 당해 형사사건을 판단하기 때문에 공소사실이 사실과 다르게 잘못됐거나 사실과 다른 부분이 있으면 자세히 그 이유를 기재하면 피고인에게 많은 도움이 됩니다.

제3절 /

절차진행에 관한 의견 -

가, 관련사건의 여부 및 진술

피고인은 이 사건 이외에 현재 재판이 진행 중이거나 수사 중에 있는 다른 사건이 있다면, 해당 수사기관이나 법원과 그 사건명, 당사자 명을 기재하여야 합니다.

관련사건이 없으면 없습니다. 라고 기재하시면 됩니다.

피고인이 범한 수개의 범죄를 관련사건이라고 합니다.

관련사건은 검사나 피고인의 신청에 의하여 한 개의 법원이 병합하여 심리하여야 합니다.

피고인이 범한 수개의 범죄에 대하여 법원마다 재판을 하게 한다면 법원도, 피고인도 죽을 맛일 것입니다.

그래서 법원의 심리의 편의를 위해서, 또 피고인의 이익을 위해서도 하나의 법원이 심판하는 것이 필요합니다.

그러므로 피고인이 다른 곳에 관련사건이 있는지를 의견서에 적어내게 하는 것입니다.

나, 특별한 사정

피고인은 당해 형사재판을 진행하기 전에 법원에 꼭 이야기하고 싶은 특별한 사정이 있으면 기재하여야 합니다.

　　피고인에게 형사재판과 관련하여 특별한 경우가 있거나 신체적으로 도움을 청하거나 고려해야 할 특별한 사정이나 가족 누구에게 특별한 사정이 있으면 기재하면 도움이 됩니다.

　　또한 피고인에게 어떤 사정이나 현재의 형편이나 까닭을 말하고 재판과 관련하여 재판장에게 무엇인가 간청하고 싶은 사정이 있으면 구체적으로 기재하시면 됩니다.

다, 법원에 참작해 주기를 바라는 사항

　　피고인은 의견서에서 당해 형사재판의 절차 진행에 있어, 법원에서 참작해 주기를 바라는 사항이 있으면, 구체적으로 밝혀야 합니다.

　　여기에 노부모가 병중임을 참작하여 피고인에게 가벼운 벌을 내려 달라고 기재하여 호소하거나 애틋한 사정을 헤아려 선처해 달라고 기재하면 됩니다.

　　또한 피고인이 지금까지 불우이웃을 위하여 봉사활동이나 선행을 하고 있다면 의견서에 적고 정상을 참작해 달라고 기재하면 됩니다.

제4절 /

성행 및 환경에 관한 사항 -

가, 가족관계

가족관계는 가족구조 내의 가족 성원 상호 관계를 말하는데 친족관계도 포함하기 때문에 부부, 자녀, 형제의 하위체계로 모두를 의견서에 기재하여야 합니다.

의견서에 가족관계를 기재할 때는 관계와 성명, 나이, 최종학력, 직업, 동거여부를 기재하여야 합니다.

그리고 비고란에는 특이사항 예를 들어 거동이 불편함이라고 기재하거나 뇌졸중으로 큰 수술을 받았음이라고 기재하면 됩니다.

나, 주거사항

의견서에는 현재 피고인이 거주하고 있는 주택의 상태를 구체적으로 기재하여야 합니다.

자가 소유의 경우 시가는 얼마인지, 전세인 경우 보증금은 얼마인지, 월세인 경우 보증금은 얼마이고 월세는 얼마인지, 기타로 여인숙에서 거주하거나 또는 노숙을 하고 있거나 아니면 친척 소유의 주택에서 무상으로 거주하고 있다고 자세하게 기재하면 됩니다.

더불어 선처를 호소하는 의견서의 경우 피고인의 주거에 대한 생활환경을 세밀하게 적고 어렵게 살고 있다는 것을 헤아려 달라고 기재하면 됩니다.

예를 들어 피고인의 가족은 모두 8식구 인데 19평형으로 방이 2개이고 화장실 1개 응접실과 부엌이 있는데 노부모님께서 안방을 사용하시고, 다른 방에서 아이들이 공부방으로 사용하고 피고인의 부부는 응접실에서 생활하고 있는 실정이라고 기재하면 됩니다.

최소한 피고인이 어렵게 생활하고 있는 현실을 부각시켜 기재하는 것도 하나의 방법입니다.

다, 가족의 수입

피고인이나 피고인의 가족 중에서 얻고 있는 수입이 있으면 구체적으로 기재하여야 합니다.

이는 피고인의 생활여건을 참작하기 위한 것이므로 예를 들어 부누구는 어디에 있는 무슨 아파트에서 경비원으로 일하고 매월 얻는 수입이 180만 원이고, 피고인은 어디에 있는 무슨 식당의 주방에서 주방보조로 일을 하고 매월 얻는 수입이 210만 원이라고 세밀하게 밝혀주는 것이 좋습니다.

라, 피고인의 학력 및 직업·경력사항

의견서에는 피고인의 학력을 기재하여야 합니다.

학력을 기재할 때는 달랑 최종학력만 성의 없이 기재하지 말고 어디에 있는 무슨 초등학교를 연월일경 졸업하였습니다. 또 어디에 있는 무슨 중학교를 연월일경 졸업하였습니다. 그리고 어디에 있는 무슨 고등학교를 연월일경 졸업하였습니다. 최종적으로 어디에 있는 무슨 대학교 무슨 학과를 연월일경 졸업하였습니다. 라고 좀 더 정성을 다해 구체적으로 기재하여야 합니다.

그 다음으로는 공백 기간이 있었거나 군대에 간 사실을 기재하여야 합니다.

피고인의 직업에 대해서는 어디에 있는 무슨 회사 소속은 무엇이고 무슨 일을 하는지 세밀하게 기재하는 것이 좋습니다.

또한 피고인이 경력을 가지고 있거나 자격증 등에 대한 보유 또는 취득내역을 순서대로 날짜별로 의견서에 기재하는 것이 좋습니다.

마, 현재의 직업 및 월수입, 생계유지 방법

피고인은 의견서에 현재 다니고 있는 직장이나 자영업을 하거나 취업을 준비 중에 있으면 그 과정을 소상히 기재하여야 합니다.

예를 들어 피고인은 어디에 소재하고 있는 무슨 회사에서 무슨 업무를 하며 여기서 매월 200만 원의 급료를 받고 있다고 기재하면 됩니다.

피고인은 매월 지급받는 급료 200만 원으로 생활하면서 아이들의 학비로 매월 약 90만 원을 지출하고 주택자금대출금을 매월 38만 원을 지출하고 나머지를 가지고 어렵게 우리 가족이 생활하고 있으나 피고인은 한 푼 이라도 생활비를 아껴가면서 한 달에 20만 원씩은 꼬박 꼬박 저축하며 생활하고 있다고 기재하면 됩니다.

가급적이면 생활이 어려운 과정에서도 저축을 하고 있다는 것을 기재하면 양형판단에 많은 도움이 되는 부분입니다.

바, 성장과정 및 생활환경

재판장은 피고인이 적어 낸 의견서 중에서 성장과정이나 생활환경에서 양형판단을 한다고 해도 과언은 아닙니다.

성장과정을 통하여 재범을 하지 않을 것이라는 확신을 심어주고 생활환경에서 정상참작의 사유를 발견하게 하여 양형판단에 도움이 되도록 의견서를 작성하여야 합니다.

피고인에게 가정형편이 어렵게 된 처지나 환경에 대하여 구체적으로 의견서에 반영하는 것이 양형판단에 도움이 됩니다.

말하자면 피고인은 무슨 어려움이나 닥친 역경을 헤쳐 나갔다거나 피고인은 어린 시절부터 가난과 역경 속에서 자랐다는 애틋한 사정을 기재하면 좋습니다.

피고인은 이러한 역경을 딛고 일어나려고 노력을 많이 했다는 생각, 노력을 하여 제법 자리를 잡고 성공을 했다는 생각, 갑자기 무슨 일이 생기는 바람에 또 역경에 처했다는 과정, 반드시 피고인은 일어서겠다는 각오를 의견서에 기재하고 선처를 호소하는 것도 하나의 방법입니다.

피고인의 부모님께서는 열악한 형편에서도 강인한 모습으로 좌절하지 않는 법 열심히 사는 방법을 피고인을 일깨워 주셨기 때문에 피고인은 어려서부터 교육을 받았으며, 가정형편이 어려운 여건 속에서 피고인은 틈틈이 부모님의 일을 도우며 열심히 공부하여 도회지로 유학을 갈 정도로 학업성적이 우수하여 무슨 대학교를 졸업한 후 의지력을 향상시키려고 특수부대를 자원입대하여 군복무를 마치고 당당히 지금의 무슨 회사에 입사하여 무슨 일을 하고 있는 한 가정의 가장이고 피고인 자신을 소개하면 됩니다.

피고인은 의견서에서 성장과정이나 생활환경을 같이 기재하여도 무방하겠지만 가급적이면 피고인의 일정한 환경에서 어떻게 활동하며 살아왔다는 것은 좀 더 구체적으로 의견서에 기재하고, 생계나 살림의 형편에 대한 환경은 간략하게 기재하는 것이 좋고, 사회의 구성원으로서의 활동에 대해서는 어떤 생활을 주로 하고 있는지 또 어떤 행위를 하는지 무엇을 보고 어떤 교육을 받았는지 살아가는 형편을 솔직하게 의견서에 기재함으로써 당해 형사재판을 담당하는 재판장으로서는 피고인의 품행이나 성장과정과 생활환경에서 양형판단의 자료를 찾습니다.

제5절 /

정상에 관한 의견 -

가, 범행을 한 이유

공소사실을 부인하고 무죄를 주장하는 의견서에는 범행을 한 이유를 기재하지 않아도 무방하겠지만 공소사실을 대부분 인정하고 선처를 호소하는 의견서의 경우 가급적이면 범행을 한 이유는 간략하게 기재하는 것이 좋습니다.

범행을 한 이유를 장문으로 기재하는 경우 자칫 잘못하면 공소사실을 부인하는 것으로 오해 살 수도 있고 변명이나 하고 남의 탓을 하는 것으로 비춰져 재판장의 심증 형성에도 악 영향이 미칠 수 있으므로 간략하게 있는 그대로 기재하는 것이 좋습니다.

나, 피해자와의 관계

형사재판에서는 피해자와의 관계에 따라 유무죄를 판단하는데 중요한 자료가 될 수 있으므로 간단하게 어떤 사이라고만 할 것이 아니라 구체적으로 무슨 일로 언제 만났고 어떠한 사이라는 점을 기재하면 도움이 됩니다.

부적절한 관계일 경우 약간의 반성하는 모습을 가미하여 피해자와의 관계를 의견서에 기재하는 것이 좋습니다.

다, 합의 여부(합의 노력 여부)

합의는 피해자에게 피해를 주었을 경우 금전이나 그 피해에 상응하는 대가 등을 통해 피해를 말끔히 보상해주는 것입니다.
그러나 합의를 하였다고 해서 모든 형사사건이 없었던 것으로 되는 것은 아니고 그 범행에 대한 정상이 참작될 뿐입니다.

피고인이 합의를 하였다면 합의한 사실을 간략하게 피력하고 피해는 원만히 합의하여 복구하였다고 기재하여야 하며 절대 합의한 사실을 장문으로 기재하면 변명하거나 피해자를 탓하는 것으로 비춰질 수 있습니다.

　　합의를 하지 못했다면 어떤 이유에서 합의를 하지 못했는지 구체적으로 기재함으로써 피해를 복구하려는 피고인에게 의사가 있음을 재판장이 알 수 있게 노력 면에서 밝혀 주시면 합의한 것 이상으로 도움이 됩니다.

　　예를 들어 어렵게 살고 있고 가정형편이 어려운데 상상할 수 없는 큰 돈을 합의금으로 요구하여 합의를 보지 못하고 있다는 사정을 소상히 기재하면 도움이 됩니다.

　　재판장은 합의와는 상관없이 피해를 입힌 피고인이 피해를 복구하려고 얼마나 많은 노력을 다했는지를 살피고 정상을 참작합니다.

　　그러므로 범행으로 피해를 입혔으면 응당 피해를 보상해야 하는 것인데 피고인의 합의하려는 노력과 그 의사를 보는 것이지 합의는 능력이 없으면 할 수 없을 수도 있지만 합의를 해야겠다는 성의나 그 의사는 진심에 달려있기 때문에 그 노력을 보고 반성의 모습을 찾아 양형판단을 한다고 해도 과언은 아닙니다.

라, 범행 후 피고인의 생활

　　범행이 있은 후에 피고인의 현재의 생활에 대해서 의견서에 간단하게 기재하시면 됩니다.

마, 현재 질병이나 신체장애 여부

　　피고인에게 신체적으로 질병이 있거나 신체의 장애가 있으면 의견서에 사실관계를 원용하고 관련자료를 첨부하여야 합니다.

없으면 없다고 기재하시고 질병이나 장애가 있으면 진단서나 장애를 증명할 입증자료를 첨부하면 도움이 될 수 있습니다.

바, 억울하다고 생각되는 사정이나 애로사항

형사사건은 억울하게 꼬여 곤혹을 치러야 하는 경우도 있기 때문에 피고인이 생각할 때 억울한 부분이 있다면 간략하게 재판장이 알 수 있을 정도로 기재하면 됩니다.

절대 억울한 사정을 장문으로 기재하면 범행을 빠져나가려는 것으로 비춰질 수 있으므로 간략하게 적어야 합니다.

무엇을 어떻게 하려고 하는데 말하자면 합의를 하려고 온가족이 동원되어 사방팔방으로 수소문 하고 있지만 피해자의 행방을 찾을 길이 없어서 어렵다거나 신체적으로 혹은 가정형편으로 장애가 되는 애로사항이 있으면 구체적으로 의견서에 나타내고 재판장이 판단하도록 작성해야 합니다.

사, 그 외형을 정함에 있어서 고려할 사항

재판장이 당해 형사재판에서 양형을 정하는데 생각하고 헤아려봐 달라는 사정이 있거나 고려되어야 할 사항이 있으면 의견서에 기재하면 도움이 됩니다.

가정형편으로 고려되어야 할 사정으로는 8순 노모님과 가족들을 부양해야 하는 가장이라는 사실을 들 수 있고, 피고인은 단 한 차례도 처벌을 받은 전력이 없는 초범이라는 사실, 피해자와 원만히 합의가 이루어져 이미 피해가 복구되었다는 사실, 피해자가 관대한 처벌을 희망하고 탄원을 하고 있다는 사실, 피고인은 범행을 뉘우치고 진지한 반성을 하고 있는 사실, 피고인은 떳떳한 직장과 부양할 가족들을 책임져야 하기 때문에 재범의 우려가 존재하지 않는 사실 들을 의견서에 기재하면 도움이 됩니다.

제6절 /

양형을 위하여 조사해 주기를 바라는 사항 −

　　피고인이 의견서에서 양형을 위해 조사해 주기를 바라는 경우에는 그 사항을 기재하여야 합니다.

　　피고인의 부모, 형제, 친척, 친구 등 양형조사를 해주기 바라는 사람의 이름과 연락처(휴대전화)를 구체적으로 기재하여야 합니다.

　　필요하지 않는 경우 필요하지 않다고 기재하면 됩니다.

　　피고인의 양형을 위하여 유리한 문서, 서류 기타 관련 증거 등에 관하여 구체적으로 기재하여야 합니다.

　　예를 들어 의견서에서 원용한 내용에 대하여 증명할 수 있는 자료를 첨부하여야 합니다.

　　양형을 위하여 유리한 문서로 합의서나 처벌불원서 또는 탄원서나 반성문 등을 제출하고 의견서에 이를 원용하여야 합니다.

제7절 공소장 의견서 실전 사례

【공소장 의견서-(1)】 음주운전으로 여러 번 적발된 피고인이 음주치료로 받고 있고 차량도
이미 제3자에게 양도하였다며 한번 만 더 선처해 달라는 사례

의 　 　 견 　 　 서

사　　건 : ○○○○고단○○○○호 도로교통법위반(음주운전)

피 고 인 : ○　　　　○　　　　○

인천지방법원 형사 제5단독 귀중

의 　 견 　 서

사　　건　:　○○○○고단○○○○호 도로교통법위반(음주운전)

피 고 인　:　○　　　　　○　　　　　○

이 의견서는 피고인의 진술권 보장과 공판절차의 원활한 진행을 위하여 제
출하도록 하는 것입니다. 피고인은 다음 사항을 기재하여 이 양식을 송부
받은 날로부터 7일 이내에 법원에 제출하시기 바랍니다. 진술을 거부하는
경우에는 진술을 거부한다는 내용을 기재하여 제출할 수 있습니다.

이 의견서는 피고인에 대한 양형자료로 사용될 수 있으니 양형에 참작할 유
리한 내용이 있는 경우 빠짐없이 기재해 주시기 바랍니다.

1. 공소사실에 대한 의견

　　가. 공소사실의 인정 여부

　　　　(1) 공소사실을 모두 인정함(○)
　　　　(2) 세부적으로 약간 다른 부분은 있지만 전체적으로 잘못을 인정
　　　　　　함(　　)
　　　　(3) 여러 개의 공소사실 중 일부만 인정함(　　　)
　　　　(4) 공소사실을 인정할 수 없음(　　　)
　　　　(5) 진술을 거부함(　　　)

　　나. 공소사실을 인정하지 않거나{1의 가. (3), (4) 중 어느 하나를 선

택한 경우}, 사실과 다른 부분이 있다고 하는 경우{1의 가. (2)를 선택한 경우}, 그 이유를 구체적으로 밝혀 주시기 바랍니다.

○ 피고인은 이 사건 공소사실은 모두 인정하고 또한 깊이 뉘우치고 뼈저리게 반성하고 있습니다.

○ 이유여하를 막론하고 또 술을 먹고 해서는 안 되는 음주운전을 한데 대하여 입이 열 개라도 할 말이 없습니다. 피고인은 금년 ○○월 초순경 아버님께서 새벽녘에 집에서 갑자기 의식을 잃고 쓰러져 119구조대 도움을 받아 ○○병원 응급실로 후송된 후 ○○일 동안 사경을 헤매시다 퇴원하셨습니다,

○ 피고인이 어쩔 수 없는 상황에서 이 사건당일 또 음주운전을 하게 된 동기는 피고인과는 더할 나위 없이 아주 친한 지인들에게 피고인의 아버님에 대한 병환을 경황이 없어서 지인들에게 알리지 못했던 것인데 병문안을 오지 못한 지인들이 마련한 자리에서 정말 거절할 수 없어서 술을 마신 후에 대리운전을 할 요량으로 술을 마셨습니다.

○ 한번 두 번도 아니고 툭하면 음주운전으로 적발된데 대하여 죄송하고 부모님께 죄송스러워 정말 얼굴을 들지 못할 지경입니다.

○ 정말 또 있을 수 없는 죄를 지고 말았습니다.

○ 피고인이 여러 번 반복해서 저지른 잘못을 재판장님께서 보실 때 마치 변명으로 비춰질 수도 있겠지만 지금까지는 벌금으로 끝났기 때문에 음주운전 그것을 대수롭지 않게 생각하고 여기까지 온 것 같지만 피고인으로서는 법원으로부터 난생처음으로 의

견서를 써내라는 연락을 받고 그 자리에 쓰러져 한참동안 정신까지 잃었습니다.

○ 판결을 내리시는 우리 재판장님께서 보실 때는 피고인에 대한 음주운전의 적발된 경위에 대하여 진실이 허락하지 않는 억울한 부분이 있지만 괜히 따지고 남을 탓하는 것으로 오해를 사게 되면 판결결과에 큰 영향은 미치지나 않을까 하는 입장에서 몹시 마음을 쓰며 애를 태우고 선처를 호소합니다.

○ 피고인으로서는 음주운전을 한 것은 맞습니다.

○ 그러나 저의 음주운전이 한번 도 아닌 여러 번 반복해서 음주운전을 한 것으로 비춰져 안타까울 뿐입니다.

○ 아무것도 모르시고 거동조차 불편하신 아버님을 생각하면 미안하고 죄송한 마음 때문에 심장이 멈추는 것 같습니다.

○ 혹시라도 아버님께서 아시는 날이면 그 충격으로 돌아가지는 않을까 늘 노심초사하고 있습니다.

○ 한편 아버지가 부끄러운 짓을 저지른 것도 모르고 우리 가족을 위해 허드렛일도 마다하지 않는 딸아이 보기가 얼마나 미안한지 견딜 수 없는 고통 속에서 지낼 수밖에 없습니다.

○ 피고인은 이번의 음주운전으로 잃고 버린 것도 많고 원만하면 걸어서 다니려고 대중교통을 이용함으로써 경제적으로도 많은 도움이 되고 불편한 점은 피부로 느낄 수 있지만 그래도 피고인

이 한 음주운전에 비하면 참을 만한데 저의 실수로 모든 것이 물거품은 되지 않을까 걱정부터 앞섭니다.

2. 절차진행에 대한 의견

　가. 이 사건 이외에 현재 재판진행 중이거나 수사 중인 다른 사건이 있다면, 해당 수사기관이나 법원과 그 사건명, 당사자 명을 기재하여 주시기 바랍니다.

　　○ 전혀 없습니다.

　나. 이 사건 재판을 진행하기 전에 법원에 이야기하고 싶은 특별한 사정이 있습니까?

　　○ 한순간 잘못된 생각으로 또 음주운전을 하게 되어 돌이킬 수 없는 상황으로까지 전개되어 모든 삶을 고스란히 내려놓을지도 모른다는 생각에 한동안 실의에 빠져 있었습니다.

　　○ 피고인은 한번 도 아니고 두 번이나 음주운전으로 적발되어 법에 의한 용서를 받았고 다시는 음주운전을 하지 않겠다고 다짐도 했습니다만 피고인에게는 의지력이 약하다는 것을 절실히 깨닫고 술을 잊고 지냈지만 다리가 후들후들 떨리고 눈앞이 캄캄하고 아무것도 보이지 않고 정신을 멍하니 잃고 있습니다.

　　○ 피고인이 생각해도 피고인은 정신이 나간 사람 같아서 ○○군 ○○읍내 소재하는 ○○의원으로 ○○○○. ○○. ○○. 찾아가 진료를 받았습니다.

○ 진료를 하신 의사선생님께서 피고인은 지금 심한 우울증으로 불안장애가 있어 이를 극복하려고 술을 마실 수밖에 없다는 진단을 받고 장기적인 치료를 받으면 술도 끊을 수 있고 우울증세도 치유될 수 있다는 진단까지 받았습니다.

○ 지금까지 술만 먹고 가족들을 비롯해서 거동마저 불편하신 아버님께 호도도 제대로 하지 못하고 정말 한심한 인생을 살았던 것 같습니다.

○ 후회가 막심합니다.

○ 늦었지만 이제라도 뉘우치고 음주치료를 받기로 하고 약을 복용한 후로는 술이라는 것을 전혀 잊고 생각하지도 않고 불안장애가 없어져 기분까지 좋아진 것을 느꼈습니다.

○ 술 때문에 빚어진 음주운전이 피고인의 건강을 위해 술을 끊겠다고 생각으로 ○○○○. ○○. ○○.에 피고인이 운전하던 이 사건 차량을 같은 ○○○에 사시는 분에게 이미 양도하였습니다.

○ 이번 한번만 더 존경하는 우리 재판장님께서 피고인에게 관용을 베풀어 주시면 절대 음주운전으로 재판을 받는 반복되는 일은 없게 하겠습니다.

○ 피고인은 매일같이 악몽을 꾸고 있습니다. 악몽에서도 벗어나게 도와주시면 고맙겠습니다.

○ 피고인에게 선처를 간곡히 호소합니다.

다. 이 사건 재판의 절차 진행에 있어, 법원에서 참작해 주기를 바라는 사항이 있으면, 구체적으로 밝혀 주시기 바랍니다.

○ 본건 공소사실에 대하여 검찰제출의 증거사용에 동의하겠습니다.

○ 모두 인정하겠습니다.

3. 성행 및 환경에 관한 의견

가. 가족관계

(1) 가족사항 (사실상의 부부나 자녀도 기재하며 중한 질병 또는 장애가 있는 등 특별한 사정은 비고란에 기재)

관계	성 명	나이	학력	직업	동거여부	비 고
본인	○○○	53	고졸	공인중개사	○	
녀	○○○	23	학생	대학원생	○	
부	○○○	86	고졸	무직	○	거동이 매우 불편함

(2) 주거사항

자가 소유(시가 :   정도)

전세(보증금 :   만 원, 대출금   만 원)

월세(보증금 : 2,000만 원, 월세 60만 원)

기타(무상거주 :   )

○ 피고인 명의로 된 월세주택은 약 20여 평에 달하고 안방 1
개와 작은 방으로 구성되어 있으며 안방에서는 거동이 불편
하신 아버님께서 사용하시고 작은방은 빨래방 겸 창고로 사
용하고 있으며 피고인은 주로 거실에서 생활하고 있습이다.

(3) 가족의 수입

○ 현재는 수입이 일정하지 않는 편이지만 피고인이 월 150만
원에서 200여만 원의 수입밖에 되지 않는 실정입니다.

나. 피고인의 학력 · 직업 및 경력

(1) 피고인의 학력

○ 피고인은 1976. 3. ○○초등학교를 졸업했습니다.
○ 피고인은 1979. 3. ○○중학교를 졸업했습니다.
○ 피고인은 1982. 3. ○○고등학교를 졸업했습니다.

(2) 과거의 직업, 경력

○ 피고인은 1985. 6. ○○부대에서 전역하였습니다.
○ 피고인은 1989. 7. ○○리조트 영업부장으로 근무하였습니다.
○ 피고인은 1994. 6. ○○에서 의류매장 오픈하였습니다.
○ 피고인은 2006. 11. 공인중개사면허를 취득하였습니다.
○ 현재는 건축현장에서 관련 업무를 보고 있습니다.

(3) 현재의 직업 및 월수입, 생계유지 방법

○ 피고인은 현재 건축현장에서 허드렛일을 하고 얻어지는 수
입 월 150만 원 이상 약 200여만 원으로 딸아이의 학비와
거동이 불편하신 아버님의 치료비 등을 지출하는 등 정말
어렵게 생활하고 있습니다.

(4) 향후 취직을 하거나 직업을 바꿀 계획 유무 및 그 내용, 자격
증 등 소지 여부

○ 피고인은 그 어렵다는 공인중개사면허를 취득하여 부동산중
개업을 하고 있지만 지금은 부동산이 침체되어 다른 사람이
건축하는 현장에서 막노동 같은 일을 하고 일당을 받고 생
활하면서 틈틈이 목표를 세우고 열심히 노력하고 있습니다.

다. 성장과정 및 생활환경 (부모나 형제와의 관계, 본인의 결혼생활, 학
교생활, 교우관계, 성장환경, 취미, 특기, 과거의 선행 등을 기재)

○ 피고인의 성격은 차분하면서도 활발하며 항상 남에게 베풀고 싶
은 성격을 가지고 있습니다.

○ 힘든 분들을 위해 봉사한다는 생각으로 매사 적극적으로 추진해
내려는 성격도 지니고 있습니다.

○ 특히 주변 분들과 운동을 하는 등 건강은 양호하고 학교생활에
서도 친구들과 정말 사이좋게 지냈을 뿐 아니라 친구들이 주변
에 많고 지금도 우리 친구들을 자주 만나고 있습니다.

○ 피고인은 틈틈이 봉사활동을 해오고 있고 작은 금액이지만 성의껏 소외계층을 위해 꾸준히 기부도 하려고 노력하고 있습니다.

라. 피고인 자신이 생각하는 자기의 성격과 장·단점

○ 피고인은 차분한 성격을 지니고 매사에 적극적인 의지를 가지고 있습니다.

4. 정상에 관한 의견(공소사실을 인정하지 않는 경우 기재하지 않아도 됨)

가. 범행을 한 이유

○ 피고인이 어쩔 수 없는 상황에서 또 음주운전을 하게 된 동기는 피고인과는 더할 나위 없이 아주 친한 지인들에게 피고인의 아버님에 대한 병환을 경황이 없어서 알리지 못했던 것인데 병문안을 오지 못한 지인들이 마련한 자리에서 정말 거절할 수 없는 상황에서 술을 마신 후에 대리운전을 할 요량으로 술을 마신 것이 발단이 되고 말았습니다.

○ 피고인의 실수로 또 이번과 같은 음주운전이 발생한 것으로 피고인은 이유여하를 막론하고 자복하며 반성하고 있습니다.

○ 피고인은 뼈저리게 뉘우치고 반성하고 또 반성하고 있습니다.

나. 피해자와의 관계

○ 없습니다.

다. 합의 여부(미합의인 경우 합의 전망, 합의를 위한 노력 및 진행상황)

  ○ 없습니다.

라. 범행 후 피고인의 생활

  ○ 피고인은 이 사건 음주운전에 대한 잘못을 뉘우치고 위 범행을
    자복하며, 우리 가족의 생계유지를 위해 열심히 직장 생활에 최
    선을 다하고 있습니다.

  ○ 혹시나 아버님께서 피고인에 대한 일을 아시고 쓰러지시면 어떻
    게 하나 하는 걱정이 앞서 늘 마음 조아리고 있습니다.

  ○ 저에 대한 잘못으로 때문에 아버님 앞에서 숨소리도 죽여 가며
    지내고 있습니다.

마. 현재 질병이나 신체장애 여부

  ○ 건강은 양호한 편입니다.

바. 억울하다고 생각되는 사정이나 애로사항

  ○ 피고인은 잘못을 깊이 뉘우치고 반성하고 있는 점 들을 두루 살
    피시어 선처를 간곡히 호소합니다.

○ 법 이전에 한 인간을 불쌍히 여기고 자비로우신 우리 재판장님의 판결이 피고인으로 하여금 다시금 기회를 주시고 거동조차 불편하신 우리 아버님께 격려와 위안이 될 수 있도록 선처를 간곡히 호소합니다.

○ 저는 재판장님의 소중한 뜻이 무엇인지를 되새기고 다시는 이런 일이 생기지 않도록 하겠습니다.

사. 그 외형을 정함에 있어서 고려할 사항

○ 다시 한 번 피고인에 대한 선처를 간곡히 호소합니다.

5. 양형을 위하여 조사해 주기를 바라는 사항

가. 피고인의 부모, 형제, 친척, 친구 등 양형조사를 해주기 바라는 사람의 이름과 연락처를 구체적으로 기재

○ 없습니다.

나. 피고인의 양형을 위하여 유리한 문서, 서류 기타 관련 증거 등에 관하여 구체적으로(소재지 등) 기재

○ 없습니다.

6. 법원조사관의 면담을 원하는지 여부

법원조사관을 면담하여 양형에 관한 사실 및 의견에 관하여 도움을 받고 싶은가요?

(1) 원한다(   )

(2) 원하지 않는다(○)

(3) 기타(   )

소명자료 및 첨부서류

1. 자동차양도계약서   1통

1. 진료기록(우울증, 불안장애 진료사항)   1통

○○○○ 년 ○○ 월 ○○ 일

위 피고인 : ○   ○   ○   (인)

인천지방법원 형사 제5단독 귀중

의 견 서

사   건 : ○○○○고단○○○○호   협박

피 고 인 : ○   ○   ○

남부지방법원 형사 제8단독 귀중

의 　 견 　 서

사　　　건 : ○○○○고단○○○○호　협박

피 고 인 : ○　　　　○　　　　○

이 의견서는 피고인의 진술권 보장과 공판절차의 원활한 진행을 위하여 제출하도록 하는 것입니다. 피고인은 다음 사항을 기재하여 이 양식을 송부받은 날로부터 <u>7일 이내에</u> 법원에 제출하시기 바랍니다. 진술을 거부하는 경우에는 진술을 거부한다는 내용을 기재하여 제출할 수 있습니다.

이 의견서는 피고인에 대한 양형자료로 사용될 수 있으니 양형에 참작할 유리한 내용이 있는 경우 빠짐없이 기재해 주시기 바랍니다.

1. 공소사실에 대한 의견

가. 공소사실의 인정 여부

(1) 공소사실을 모두 인정함(　　)

(2) 세부적으로 약간 다른 부분은 있지만 전체적으로 잘못을 인정함(　　)

(3) 여러 개의 공소사실 중 일부만 인정함(　　)

(4) 공소사실을 인정할 수 없음(○)

(5) 진술을 거부함(　　)

나. 공소사실을 인정하지 않거나{1의 가. (3), (4) 중 어느 하나를 선

택한 경우}, 사실과 다른 부분이 있다고 하는 경우 {1의 가. (2)를 선택한 경우}, 그 이유를 구체적으로 밝혀 주시기 바랍니다.

◎ 공소사실

○ 피고인은 ○○○○. ○○. ○○. ○○:○○경 서울시 강서구 ○○ ㄹㅎ ○○길 ○○에 있는 ○○아파트 상가주차장에서 주차장 시설물 철거 문제로 피해자 ○○○과 시비하던 중, 화가나 그곳 바닥에 있던 망치를 집어 들어 피해자를 향해 휘둘러 신체적 위해를 가할 듯한 태도를 보여 피해자를 협박하였다는 데 있습니다.

◎ 이 사건의 실체

○ 피고인은 이 사건 서울시 강서구 ○○로 ○○길 ○○, ○○아파트 (이하 앞으로는 '○○아파트'라고 줄여 쓰겠습니다)의 동대표에 선출되어 현재 입주자 대표회의 감사로서 종사하고 있습니다.

○ 피해자는 ○○아파트 상가에서 인테리어공사 업에 종사하는 사람으로 알고 있습니다.

○ ○○아파트는 아파트 ○○개동과 상가 ○동으로 구성되어 있는데 상가는 ○○방향으로 접해 있는 상가로서 건축법상 별도의 주차장이 없으며 상가의 도로변을 끼고 간이주차장으로 사용하고 있어 ○○아파트 주민이 이곳을 지나면서 상가에서 임의적으로 설치한 낡은 볼라트에 철근을 묶은 잠금장치에 걸려 넘어지는 등 크고 작은 사고로 이어질 수 있다는 민원이 세도하여 우리 ○○아파트 입주민대표회의에서는 대책을 마련하기 위해 여러 차례에 걸쳐 회의를 거듭한 끝에 상가대표 등에게 공문을 발

송하여 위 낡은 볼라트와 철근으로 묶어 방치한 잠금장치를 철거하거나 ○○아파트 전체 주민들이 자유로이 왕래할 수 있도록 잠금장치를 해제하라고 나섰습니다.

○ 이에 상가 측에서는 ○○아파트 입주민대표회의 요구사항을 이행하겠다고 약속하였으나 상가 측에서 구타한 변명만 널어놓고 이행하지 않아 우리 ○○아파트 입주민대표회의는 더 이상 방치할 수 없다는 결론으로 회의를 열어 위 볼라트를 새것으로 교체하기로 의결하고 상가 측에 공문을 발송하고 일정기간까지 교체를 하지 않을 때는 우리 ○○아파트 입주민대표회의에서 임의대로 철거하여 교체하겠다고 통보하였습니다.

○ 상가 측에서 ○○○○. ○○. ○○.까지 이행하지 않아 같은 날 피고인, ○○아파트 관리사무 소장, 동 경비반장, 동 전기주임과 낡은 블라트와 철근으로 묶어놓은 쇠붙이가 오래되어 무디어진 잠금장치를 교체하기 위해 드릴과 망치 등을 가지고 교체작업을 하고 있었습니다.

○ 이때 피해자가 갑자기 위 교체작업장에 나타나 교체작업을 방해하고 나섰는데 피고인으로서는 교체장소에까지 망치를 가지고 참석한 것은 사실이고 그 망치를 가지고 망가진 철근 잠금장치를 때리고 해체작업을 도왔고 다른 작업자는 드릴로 해체작업을 하고 있었을 뿐입니다.

○ 피해자가 해체작업을 방해할 때에 피고인은 망치를 들고 교체작업을 하고 망치를 들고 낡은 철근 잠금장치를 해체하기 위해 충격을 가하고 있었던 것은 사실이지만 피해자를 향해 망치를 휘두르지 않았습니다.

○ 공소사실에서는 피고인이 피해자를 향하여 망치를 휘두른 것으로 주장하고 있으나 피고인은 잠금장치를 해체하기 위해 망치를 들고 작업 중에 있었을 뿐이고 공소사실에서 인정하고 있는 망치는 그 크기와 중량에 비하면 일반인이 휘두를 수 있는 그런 망치도 아닙니다.

○ 공소사실은 아래와 같은 모순이 있습니다.

    (a) 피고인이 피해자에게 휘두를 수 있는 망치가 아니라는 점,

    (b) 피고인은 피해자를 전혀 알지 못하는 사람으로 인과관계가 없다는 점,

    (c) 피고인이 구태여 ○○아파트를 위해 피해자를 상대로 협박할 이유가 없음에도 모순되는 결정을 하고 말았습니다.

◎ 사실오인

○ 검사는 이 사건을 대함에 있어 피고인이 잠금장치를 해체하기 위해 망치를 들고 작업 중에 있는 것을 피해자가 이를 저지하기 위해 시비가 있었다고 해서 피고인이 망치를 휘두른 것으로 단정 짓고 출발한 것으로 짐작됩니다.

○ 피고인은 망치를 들고 위 작업자들과 같이 낡은 잠금장치를 해체하기 위해 작업 중에 있었을 뿐입니다.

○ 피고인은 망치를 들고 작업도중에 피해자가 일방적으로 시비를 붙고 작업을 방해한 것이고 몸싸움도 없었고 작업 중인 망치는

무게나 용도에 비하여 휘두를 수 있는 망치가 절대 아님에도 불구하고 공소사실에 의하면 보강수사도 없이 피고인이 피해자를 향해 망치를 휘두른 것으로 사실을 오인하고 말았습니다.

○ 공소사실은 수사가 미진한 상태에서 정확한 사실관계를 따져 보지도 않고 내린 결정입니다.

○ 오히려 피해자가 정당한 절차에 의하여 교체작업을 방해한 부분은 응당 피해자가 업무방해죄로 처벌을 받아야 할 일인데 피고인에게 뒤집어씌운 것이 분명합니다.

2. 절차진행에 대한 의견

　가. 이 사건 이외에 현재 재판진행 중이거나 수사 중인 다른 사건이 있다면, 해당 수사기관이나 법원과 그 사건명, 당사자 명을 기재하여 주시기 바랍니다.

　◎ 전혀 없습니다.

　나. 이 사건 재판을 진행하기 전에 법원에 이야기하고 싶은 특별한 사정이 있습니까?

　◎ 피고인이 해체작업을 방해하던 피해자와 약간의 말다툼을 한 것은 사실이지만 피해자에게 망치를 휘두른 사실은 전혀 없었으므로 이 에 대한 공소사실은 바로 잡아야 한다고 생각합니다.

　◎ 해체작업을 방해하던 피해자와 작업 중에 말다툼을 했다고 해서 있지도 않은 망치를 휘둘렀다고 협박으로 뒤집어씌워진 것은 나

무나 억울한 누명이므로 반드시 누명을 벗겨주셨으면 하는 마음 간절합니다.

◎ 설사 피고인과 피해자가 말다툼이 있었다고 하더라도 피고인은 계속해서 작업을 하면서 피해자와 말다툼을 하였던 것이고 말다툼은 몸싸움으로 이어지지 않았고 그 망치의 무게를 감안하면 휘두를 수도 없는 것임에도 불구하고 이 부분에 대한 수사가 미진한 상태에서 이루어진 자의적인 판단으로 부당합니다.

◎ 반드시 위와 같은 사실관계는 고려되어야 합니다.

다. 이 사건 재판의 절차 진행에 있어, 법원에서 참작해 주기를 바라는 사항이 있으면, 구체적으로 밝혀 주시기 바랍니다.

◎ 본건 공소사실 중 피고인이 피해자와 말다툼을 했다는 부분만 검찰제출의 증거사용에 동의하고 나머지 검찰제출의 증거사용에는 동의하지 않습니다.

3. 성행 및 환경에 관한 의견

가. 가족관계

(1) 가족사항 (사실상의 부부나 자녀도 기재하며 중한 질병 또는 장애가 있는 등 특별한 사정은 비고란에 기재)

관계	성 명	나이	학력	직업	동거여부	비 고
본인	○○○	68	대졸	무	○	
처	○○○	63	전문대	무	○	
자	○○○	35	대졸	사무원		
자	○○○	33	대졸	무		

(2) 주거사항

자가 소유(시가 : 약 480,000,000원 정도)

전세(보증금 :   만 원,   계약자)

월세(보증금 :   )

기타(무상거주 :   )

○ 피고인이 거주하는 주택은 약 20여 평형으로써 방 2개로써 피고인의 부부가 생활하고 있습니다.

(3) 가족의 수입

○ 현재 피고인은 고령으로 일정한 직업이 없으며 피고인의 처 역시 고령으로 일정한 직업이 없으므로 피고인의 부부가 얻고 있는 가족의 수입은 없습니다.

나. 피고인의 학력·직업 및 경력

  (1) 피고인의 학력

     ○ 피고인은 ○○대학교 통계학과를 졸업하였습니다.

  (2) 과거의 직업, 경력

     ○ 피고인은 ○○은행의 은행원으로 근무하다가 퇴직하였습니다.

  (3) 현재의 직업 및 월수입, 생계유지 방법

     ○ 피고인은 수협은행 등으로부터 매월 지급받는 연금 약 100
여만 원으로 가족의 생계를 유지하고 있습니다.

     ○ 생계유지에 많은 어려움이 있어 현재는 주택담보연금신청을
하여 생계유지하려는 계획을 세우고 있습니다.

  (4) 향후 취직을 하거나 직업을 바꿀 계획 유무 및 그 내용, 자격
증 등 소지 여부

     ○ 피고인이나 피고인의 처는 모두 고령이라 생계유지를 위하
여 무슨 일이라도 주어진다면 최선을 다하겠다는 생각으로
틈틈이 취업을 준비하고 있습니다.

     ○ 하물며 피고인은 더 이상 나이 들기 전에 아예 시골이나 바
다가 있는 곳으로 이주하여 농사도 짓고 바다에서 허드렛일
이나 하면서 살고 싶은 생각도 가지고 있습니다.

다. 성장과정 및 생활환경 (부모나 형제와의 관계, 본인의 결혼생활, 학교생활, 교우관계, 성장환경, 취미, 특기, 과거의 선행 등을 기재)

◎ 피고인의 성격은 차분하면서도 활발하며 항상 남에게 베풀고 싶은 성격을 가지고 있습니다.

◎ 힘든 분들을 위해 봉사한다는 생각으로 매사 적극적으로 추진해 내려는 성격도 지니고 있습니다.

◎ 특히 주변 분들과 운동을 하는 등 건강은 양호하고 학교생활에서도 친구들과 정말 사이좋게 지냈을 뿐 아니라 친구들이 주변에 많고 지금도 우리 친구들을 자주 만나고 있습니다.

◎ 피고인은 틈틈이 봉사활동을 해오고 있고 작은 금액이지만 성의껏 소외계층을 위해 꾸준히 기부도 하려는 노력을 하고 있습니다.

라. 피고인 자신이 생각하는 자기의 성격과 장·단점

◎ 피고인은 차분한 성격을 지니고 매사에 적극적인 의지를 가지고 있습니다.

4. 정상에 관한 의견(공소사실을 인정하지 않는 경우 기재하지 않아도 됨)

가. 범행을 한 이유

◎ 범행을 한 것이 아니라 전술한 바와 같이 해체작업을 위하여 망치를 들고 작업을 하면서 피해자와 약간의 말다툼을 한 것 외에

는 피해자를 상대로 협박하거나 망치를 휘두르지 않았습니다.

◎ 피고인이 작업을 하던 망치는 무게 때문에 휘두를 수 있는 망치
가 아닙니다.

◎ 피고인으로서는 망치를 휘두르지 않았지만 쉽게 휘두를 수 있는
망치가 아닌 무게 등으로 휘두를 수 없는 망치를 피해자에게 휘
두르고 협박을 할 인과관계나 이익이 없는 피고인이 망치를 휘
두른 것으로 비춰진데 대하여 누명을 벗고 싶은 생각 밖에 없습
니다.

나. 피해자와의 관계

◎ 오랜 기간 동안 피고인이 ○○아파트에 살았지만 피해자는 전혀
모르는 사람입니다.

다. 합의 여부(미합의인 경우 합의 전망, 합의를 위한 노력 및 진행상황)

◎ 피고인이 피해자에게 피해를 입혔다면 응당 그 피해를 복구해야
한다는 것에는 변함이 없습니다.

◎ 그러나 피고인은 피해자를 상대로 책임져야 할 잘못을 하지 않
았습니다.

◎ 책임이 있다면 피고인이 망치를 들고 녹슨 잠금장치를 해체하기
위해 작업을 진행하면서 이를 방해하는 피해자와의 오고간 말다
툼 밖에 없습니다.

◎ 피해자와 합의할 성질은 아닙니다.

라. 범행 후 피고인의 생활

◎ 매사 가족의 건강을 위하여 최선을 다하고 있습니다.

마. 현재 질병이나 신체장애 여부

◎ 건강은 양호한 편입니다.

바. 억울하다고 생각되는 사정이나 애로사항

◎ 처음 보는 피해자가 갑자기 나타나 한참 해체작업을 하고 있는 피고인에게 시비를 붙어 말다툼을 한 것은 사실이지만 이러한 말다툼에 대하여 피고인이 피해자에게 망치를 휘두르고 협박한 것으로 누명을 씌운 것은 너무나 억울한 일입니다.

◎ 하물며 피고인이 휘둘렀다는 망치는 망치 중에서도 가장 무겁다는 오함마의 무게와 비슷한 망치를 피고인으로서는 들기조차 힘드는 망치를 제대로 수사해 보지도 않고 휘둘렀다고 취급되어 공소사실에 비춰진데 대하여 억울하지 않을 수 없습니다.

◎ 이 사건 해체작업 현장에는 피고인뿐이 아니라 여러 사람들이 같이 해체작업을 하고 있었기 때문에 최소한 이들을 대상으로 탐문조사만이라도 제대로 이루어졌다면 피고인이 망치를 휘두르지 않았다는 진실은 가려졌을 텐데 수사를 제대로 하지 않아 범죄가

아닌 범죄를 범죄자로 몰아붙인데 대하여 너무나 억울합니다.

사. 그 외형을 정함에 있어서 고려할 사항

◎ 없습니다.

◎ 다만, 피고인도 피해자가 해체작업을 방해하면서 다소 말다툼은 있었다 하더라도 그 말다툼은 피고인이 계속해서 망치를 들고 작업을 하면서 일어난 말다툼으로 몸싸움으로까지 이어지지도 않았으므로 그 유형력이 없었음을 감안할 때 이러한 유형력을 전제로 하여 피고인에게 벌금 1,000,000원의 처분은 지나치게 형평을 잃어 정당하지 못하므로 재고되어야 합니다.

5. 양형을 위하여 조사해 주기를 바라는 사항

가. 피고인의 부모, 형제, 친척, 친구 등 양형조사를 해주기 바라는 사람의 이름과 연락처를 구체적으로 기재

◎ 없습니다.

나. 피고인의 양형을 위하여 유리한 문서, 서류 기타 관련 증거 등에 관하여 구체적으로(소재지 등) 기재

◎ 없습니다.

6. 법원조사관의 면담을 원하는지 여부

법원조사관을 면담하여 양형에 관한 사실 및 의견에 관하여 도움을 받고
싶은가요?

   (1) 원한다(　　　)

   (2) 원하지 않는다(◯)

   (3) 기타(　　　)

소명자료 및 첨부서류

1. 상가 측에 보낸 공문사본　　　　　　　　　　　1통

◯◯◯◯ 년 ◯◯ 월 ◯◯ 일

위 피고인 : ◯　　◯　　◯　　(인)

남부지방법원 형사 제8단독 귀중

의 견 서

사　　　건 :　○○○○고단○○○○호　　사기

피 고 인 :　○　　　　　○　　　　　○

부산지방법원 서부지원 형사2단독 귀중

의 견 서

사   건 : ○○○○고단○○○○호   협박

피 고 인 : ○   ○   ○

이 의견서는 피고인의 진술권 보장과 공판절차의 원활한 진행을 위하여 제출하도록 하는 것입니다. 피고인은 다음 사항을 기재하여 이 양식을 송부 받은 날로부터 <u>7일 이내에</u> 법원에 제출하시기 바랍니다. 진술을 거부하는 경우에는 진술을 거부한다는 내용을 기재하여 제출할 수 있습니다.

이 의견서는 피고인에 대한 양형자료로 사용될 수 있으니 양형에 참작할 유리한 내용이 있는 경우 **빠짐없이** 기재해 주시기 바랍니다.

1. 공소사실에 대한 의견

    가. 공소사실의 인정 여부

        (1) 공소사실을 모두 인정함(   )
        (2) 세부적으로 약간 다른 부분은 있지만 전체적으로 잘못을 인정함(○)
        (3) 여러 개의 공소사실 중 일부만 인정함(   )
        (4) 공소사실을 인정할 수 없음(   )
        (5) 진술을 거부함(   )

    나. 공소사실을 인정하지 않거나{1의 가. (3), (4) 중 어느 하나를 선택한 경우}, 사실과 다른 부분이 있다고 하는 경우 {1의 가. (2)를

선택한 경우}, 그 이유를 구체적으로 밝혀 주시기 바랍니다.

◎ 공소사실

○ 피고인은 노래방 도우미로 일하던 중, ○○○○. ○○. 중순경 부산시 ○○구 ○○○로길 ○○에 있는 "○○○" 노래방에 손님으로 온 피해자 ○○○과 ○○○○. ○○.말경부터 ○○○○. ○○.경까지 연인사이로 교제하였다.

○ 피고인은 당시 노래방 도우미로 일하면서 월 200만 원 내지 300만 원을 받는 것 이외에 별다른 수입이 없었고, 약 1,200만 원 이상의 개인회생채무, 약 5,000만 원의 일수 채무가 있는 상태에서 피해자로부터 돈을 빌리더라도 이를 변제할 의사나 능력이 없었다.

○ 그럼에도 불구하고 피고인은 ○○○○. ○○.경 부산 이하 불상지에서 전화로 피해자에게 "일수 빚 420만 원이 있다, 420만 원을 빌려주면 일을 해서 갚겠다."라는 취지로 거짓말을 하였다.

○ 피고인은 이에 속은 피해자로부터 같은 날 차용금 명목으로 피고인 명의의 하나은행 계좌로 420만 원을 송금 받은 것을 비롯하여 그 무렵부터 ○○○○. ○○.경까지 사이에 별지 범죄일람표 기재와 같이 총 4회에 걸쳐 합계 4,180만 원을 교부받았다.

○ 이로써 피고인은 피해자를 기망하여 재물을 교부받았다는데 있습니다.

◎ 이 사건 실체

○ 피고인과 피해자는 나이 차이를 극복하고 결혼을 전제로 만났으며 피해자는 피고인의 어머님을 찾아뵙고 인사까지 나눈 사이로 곧 결혼을 앞두고 있었습니다.

○ 피고인은 부산시 ○○구 ○○로 ○○길 ○○에 있는 "똥꽝" 노래방에 손님으로 온 피해자를 ○○○○. ○○.말경 처음만나 교제하면서 피해자가 먼저 피고인에게 ○○○○. ○○.경 부산시 사상구 ○○로 ○○ 소재에 있는 삼식이 감자탕 집에서 만난 피고인에게 결혼을 제의하여 피고인으로서는 개인적으로 갚아야할 부채도 있고 업소에서 선금으로 받은 이 사건 공소사실에도 명시된 바와 같이 420원도 정리해야 하는 등 부채현황을 구체적으로 말하자 피해자가 모두 변제해 주겠다고 해서 피고인이 부담하고 있던 부채총액 4,180만 원을 4회에 걸쳐 교부받았던 것입니다.

○ 피고인은 피해자로부터 받은 총 4,180만 원은 모두 피고인의 부채변제에 사용하였으며 피고인이 개인적으로 사용한 돈은 한 푼도 없습니다.

◎ 사실오인

○ 검사는 이 사건을 대함에 있어 피고인과 피해자는 결혼을 앞두고 있다는 점을 외면한 채 의도적으로 피해자에게 접근하여 변제할 의사와 능력이 없었다는 이유를 들어 사기죄로 단정 짓고 출발한 것으로 짐작됩니다.

○ 결혼까지 생각하고 부모님께 인사도 드린 사이라면 또 띠 동갑인 피고인과 사랑하는 마음이 있었기 때문에 스스로 피고인이

부담하고 있는 부채를 피해자가 변제해 줄 수도 있었지 않는가 하는 고민을 해보았어야 하는데 이를 놓쳤습니다.

○ 그렇지 않고 피고인이 술집 등에서 전전하는 여자라는 사실만으로 일명 꽃뱀으로 몰아가고 피고인을 사기꾼으로 비춰진데 대하여 피고인은 범죄사실을 자백하기 이전에 억울한 마음밖에 없습니다.

○ 피고인으로서는 피해자가 빚을 모두 갚아 주겠다고 했고 이에 고맙게 생각하고 홀가분한 마음으로 피해자와 행복하게 살아야겠다는 생각밖에 없었습니다.

○ 피고인이 띠 동갑이나 되는 피해자와 결혼하겠다는 결심을 하게 된 것은 피해자가 빚을 갚아주겠다고 한 것 때문에 이끌린 것도 사실인데 전혀 피고인의 입장은 고려되지 않았습니다.

○ 물론 피해자의 뜻이 다른 곳에 있었다면 피고인이 변제하는 것이 맞습니다.

○ 그러나 사랑하는 마음이 조금이라도 있었다면 사랑하는 사람과 결혼하는 입장에서 본다면 피해자가 빚도 갚아줄 수도 있습니다.

2. 절차진행에 대한 의견

가. 이 사건 이외에 현재 재판진행 중이거나 수사 중인 다른 사건이 있다면, 해당 수사기관이나 법원과 그 사건명, 당사자 명을 기재하여 주시기 바랍니다.

◎ 전혀 없습니다.

나. 이 사건 재판을 진행하기 전에 법원에 이야기하고 싶은 특별한 사
   정이 있습니까?

◎ 피해자가 결혼을 전제로 빚을 갚아주겠다고 하였기 때문에 피고
   인으로는 이를 믿고 이 사건 노래클럽에서 일하면서 일수 돈
   420만 원을 갚아야 한다고 하였고 피해자가 이를 승낙하여 420
   만 원을 보내준 것이므로 피고인이 부담하고 있는 일수 빚의 존
   재가 있었는지 수사하여 진실을 가려보았어야 하는데 이 부분에
   대한 수사가 전혀 이루어지지 않았습니다.

◎ 피고인과 피해자의 사이를 연인사이로만 단정 짓고 사기혐의로
   만 몰고 갈 것이 아니라 좀 더 피고인과 피해자의 사이는 결혼
   을 전제로 부모님까지 인사할 정도였는지 연인사이를 넘어 피해
   자가 자의적으로 피고인의 빚을 갚아줄 수도 있다는 전제하에
   보면 4회에 걸쳐 나누어 교부된 금액의 흐름이 피고인의 주장이
   설득력이 있는 것으로 뒷받침하고 있습니다.

다. 이 사건 재판의 절차 진행에 있어, 법원에서 참작해 주기를 바라는
   사항이 있으면, 구체적으로 밝혀 주시기 바랍니다.

◎ 본건 공소사실 중 피고인이 교부받은 금액부분만 검찰제출의 증
   거사용에 동의하고 나머지 검찰제출의 증거사용에는 동의하지
   않겠습니다.

3. 성행 및 환경에 관한 의견

    가. 가족관계

        (1) 가족사항 (사실상의 부부나 자녀도 기재하며 중한 질병 또는
            장애가 있는 등 특별한 사정은 비고란에 기재)

관계	성 명	나이	학력	직업	동거여부	비 고
본인	○○○	26	전문대	기타	○	
모	○○○	61	고졸	주부		

        (2) 주거사항

            자가 소유(시가 :   )

            전세(보증금 :   )

            월세(보증금 :   )

            기타(친구 집에서 월세 30만 원 중에서 피고인이 반 15만 원을
            지급하고 거주하고 있습니다.)

        (3) 가족의 수입

            ○ 없습니다.

    나. 피고인의 학력·직업 및 경력

(1) 피고인의 학력

　　○ 피고인은 2009. 3. ○○학교 환경기술과를 졸업했습니다.

　　○ 피고인은 2010. 3. ○○대학 사회복지학과 자퇴하였습니다.

(2) 과거의 직업, 경력

　　○ 피고인은 2011. 3. ○○기획이라는 ○○센터에서 근무하였습니다.

　　○ 피고인은 2013. 7. ○○이라는 공장에서 사무경리를 업무를 보았습니다.

　　○ 피고인은 2014. 2. ○○에서 ○○○으로 근무하였습니다.

　　○ 피고인은 2015. 4. ○○물산에서 사무경리업무를 보았습니다.

　　○ 피고인은 2016. 7. 이 사건 노래방에서 도우미로 일하였습니다.

(3) 현재의 직업 및 월수입, 생계유지 방법

　　○ 피고인은 현재 부산시 사상구 ○○로 ○○길 ○○, ○○○이라는 소품가게에서 점포관리 및 판매관리까지 보는 일을 하고 있습니다.

　　○ 여기서 피고인이 매월 얻는 수입은 약 120만 원으로 부모님

께 생활비를 보내드리고 나머지로 생계유지하고 있습니다.

(4) 향후 취직을 하거나 직업을 바꿀 계획 유무 및 그 내용, 자격
증 등 소지 여부

○ 피고인은 현재의 직업에 어느 정도 만족을 하고 있으나 부
양할 어머님을 생각하면 생활비에도 훨씬 못 미치는 수입이
라는 점 때문에 다른 직업을 선택하기 위해서 무단의 노력
을 다하고 있습니다.

다. 성장과정 및 생활환경 (부모나 형제와의 관계, 본인의 결혼생활, 학
교생활, 교우관계, 성장환경, 취미, 특기, 과거의 선행 등을 기재)

◎ 피고인의 성격은 차분하면서도 활발하며 항상 남에게 베풀고 싶
은 성격을 가지고 있습니다.

◎ 무엇이든 힘든 분들을 위해 봉사한다는 생각으로 매사 적극적으
로 추진해내려는 성격도 지니고 있습니다.

◎ 특히 주변 분들과 틈틈이 운동을 하는 등 건강은 양호하고 학교
생활에서도 친구들과 정말 사이좋게 지냈을 뿐 아니라 친구들이
주변에 많고 지금도 우리 친구들을 자주 만나고 있습니다.

◎ 피고인은 지금도 친구들과 봉사활동을 해오고 있고 작은 금액이
지만 성의껏 소외계층을 위해 꾸준히 기부도 하려고 노력하고
있습니다.

라. 피고인 자신이 생각하는 자기의 성격과 장·단점

◎ 피고인은 여자로서 차분한 성격을 지니고 매사에 적극적인 의지를 가지고 있습니다.

4. 정상에 관한 의견(공소사실을 인정하지 않는 경우 기재하지 않아도 됨)

　가. 범행을 한 이유

◎ 피고인이 이 사건 노래방 도우미로 일하면서 피해자를 만난 후 연인사이로 진전되었고 어느 정도 시간이 흘러 피해자가 결혼을 전제사귀자고 하면서 피고인의 어머님을 찾아뵙고 인사를 드린 후 피고인을 만난자리에서 피고인에게 갚아야할 빚이 얼마나 되느냐고 하여 피고인은 모든 것을 청산하고 피해자와 결혼할 요량으로 구체적으로 어디에 누구에게 얼마의 빚이 있다고 설명하자 피해자가 빚을 갚아주겠다고 흔쾌히 승낙하여 피고인은 이 사건 노래클럽에서 일하면서 일수 돈 420만 원을 갚아야 한다고 하였고 피해자가 420만 원을 보내준 것을 비롯하여 총 ○,○○○만 원을 4회에 걸쳐 교부받아 모두 피고인의 빚을 갚는데 사용하였습니다.

　나. 피해자와의 관계

◎ 결혼을 앞두고 있던 사이였습니다.

　다. 합의 여부(미합의인 경우 합의 전망, 합의를 위한 노력 및 진행상황)

◎ 피고인으로서는 피해자가 변심한데 대한 죄책감을 떠나서 응당 피고인이 변제하여야 할 돈임에는 틀림이 없다고 생각하고 피해

자에게 찾아가 사죄하고 총 피해금액 ○,○○○만 원 중에서 ○
○○○. ○○. ○○.오후 3시경 부산시 동래구 ○○로 ○길 ○
○, 스타박스에서 만나 700만 원을 지급하고 합의서를 체결했습
니다.

◎ 또한 피고인은 열심히 일해서 변제하겠다는 취지로 공정증서도
  해드렸고 ○○○○. ○○. ○○.오전 10:30경 200만 원을 피해
  자에게 계좌송금한데 이어 총 900만 원은 변제하였으며 나머지
  3,280만 원은 5년 안으로 차근차근 갚아드리는 것으로 합의를
  하였습니다.

◎ 한편으로는 서운하기도 하고 기분은 나빴지만 고소할 이유도 없었
  고 피고인이 사기를 친 것도 아니므로 만나서 해결할 수 있었던
  것인데 일이 여기까지 온데 대하여 죄송한 마음밖에 없습니다.

라. 범행 후 피고인의 생활

◎ 피고인으로서는 일이 여기까지 온데 대하여 잘잘못을 떠나 홀로
  계시는 어머님께서 아시게 될까봐 늘 노심초사하고 열심히 일하
  고 있습니다.

마. 현재 질병이나 신체장애 여부

◎ 없습니다.

바. 억울하다고 생각되는 사정이나 애로사항

◎ 피고인이 이유여하를 막론하고 잘못한 것은 틀림없습니다.

◎ 잘잘못을 떠나 피고인은 피해자가 빚을 갚아 주겠다고 했을 때 너무나 빚에 시달리다 보니 잠깐 사양하지 못하고 걱정하지 말고 남편 될 사람이 마누라 빚도 못 갚아 주냐는 피해자의 말에 그만 진심으로 오해하는 잘못된 생각을 하고 말았습니다.

◎ 뼈저리게 후회하고 깨달았습니다.

◎ 그래도 결혼까지 하려고 했던 피고인을 가리켜 사기죄로 재판을 받아야 한다는 현실이 여자의 몸으로 정말 견디기 힘이 들 뿐입니다.

사. 그 외형을 정함에 있어서 고려할 사항

◎ 피고인의 사건은 양형기준표 적용 대상 사건으로 사기죄영역에 해당합니다.

피고인에 대한 특별양형인자 중 감경요소로는 1) 전술한 바와 같이 결혼까지 오고간 사이에서 흔히 있을 수 있는 점, 2) 노모님을 부양해야 하는 점, 3) 합의가 이루어져 피해자가 처벌을 원하지 않는다는 점으로 가중요소는 존재하지 않습니다.

◎ 그리고 일반양형인자 중 1) 감경요소로는 진지한 반성, 2) 형사처벌 전력 없음을 들 수 있고, 3) 가중요소 또한 없습니다.

◎ 따라서 특별감경요소만 3개가 존재하는 본건에 있어서는 사기죄

의 특별감경영역에 해당하여 징역형을 선택할 경우에는 그 형량 권고 범위가 1년 이하의 징역이라 할 것입니다.

◎ 그런데 본건의 경우 결혼을 앞둔 상황에서 사랑하는 마음으로 오고간 금전이지만 이미 합의되어 피해자가 처벌을 원하지 않고 있으며 피고인에게는 어머님을 책임져야 할 부양가족이 있고 본건과 유사한 수위의 동종 사안에서 그 형 종을 벌금형으로 선택하여 온 것에 비추어 피고인에게도 그 형 종을 벌금형으로 선택하여 주실 것을 간곡히 호소합니다.

◎ 또한 피고인이 의도적으로 피해자를 상대로 기망행위를 한 것이 아닐 뿐만 아니라 결혼을 앞두고 피해자가 사랑하는 마음으로 빚을 갚아 주겠다는 순수한 마음으로 금전이 오고 간 것이라는 점은 정상참작의 여지에 충분하고 이미 합의가 되어 피해자가 피고인의 처벌을 원하지 않고 피고인에게는 범죄경력이 없고 특히 피고인은 여성으로서 앞날을 생각하면 피고인에게는 상당히 무거운 족쇄로 작용할 것이 자명한바, 피고인에게 다시 한 번의 기회를 주신다는 의미에서 이번에 한하여 선고유예의 선처를 허락하여 주실 것을 아울러 간곡히 호소합니다.

◎ 피고인에 대한 귀원께서 이상의 사정을 종합하여 법이 허용하는 범위 내에서 최대한의 선처와 관용을 베풀어 주실 것을 간곡히 호소합니다.

5. 양형을 위하여 조사해 주기를 바라는 사항

  가. 피고인의 부모, 형제, 친척, 친구 등 양형조사를 해주기 바라는 사람의 이름과 연락처를 구체적으로 기재

◎ 없습니다.

나. 피고인의 양형을 위하여 유리한 문서, 서류 기타 관련 증거 등에
관하여 구체적으로(소재지 등) 기재

◎ 없습니다.

6. 법원조사관의 면담을 원하는지 여부

법원조사관을 면담하여 양형에 관한 사실 및 의견에 관하여 도움을 받
고 싶은가요?

(1) 원한다( )

(2) 원하지 않는다(○)

(3) 기타( )

소명자료 및 첨부서류

1. 가족관계증명서   1통

○○○○ 년 ○○ 월 ○○ 일

위 피고인 : ○   ○   ○   (인)

부산지방법원 서부지원 형사2단독 귀중

의 　 견 　 서

사　　　건 : ○○○○고단○○○○호　　국민체육진흥법위반(도박)

피 고 인 : ○　　　　○　　　　○

창원지방법원 형사 제3단독 귀중

의 견 서

사   건 : ○○○○고단○○○○호   국민체육진흥법위반(도박)

피 고 인 : ○   ○   ○

이 의견서는 피고인의 진술권 보장과 공판절차의 원활한 진행을 위하여 제출
하도록 하는 것입니다. 피고인은 다음 사항을 기재하여 이 양식을 송부 받은
날로부터 <u>7일 이내에</u> 법원에 제출하시기 바랍니다. 진술을 거부하는 경우에
는 진술을 거부한다는 내용을 기재하여 제출할 수 있습니다.

이 의견서는 피고인에 대한 양형자료로 사용될 수 있으니 양형에 참작할 유
리한 내용이 있는 경우 **빠짐없이** 기재해 주시기 바랍니다.

1. 공소사실에 대한 의견

    가. 공소사실의 인정 여부

        (1) 공소사실을 모두 인정함(○)

        (2) 세부적 약간 다른 부분은 있지만 전체적으로 잘못을 인정함(   )

        (3) 여러 개의 공소사실 중 일부만 인정함(   )

        (4) 공소사실을 인정할 수 없음(   )

        (5) 진술을 거부함(   )

    나. 공소사실을 인정하지 않거나{1의 가. (3), (4) 중 어느 하나를 선
        택한 경우}, 사실과 다른 부분이 있다고 하는 경우{1의 가. (2)를

선택한 경우}, 그 이유를 구체적으로 밝혀 주시기 바랍니다.

○ 피고인은 부끄럽게도 공무원으로 근무하고 있습니다.

입이 열 개라도 할 말이 없습니다.

그러나 피고인은 한 가정의 가장이라는 신분까지 망각하고 이런 일을 저지른 데 대하여 깊이 뉘우치고 반성하고 있습니다.

피고인으로서는 이번 일로 인하여 어렵게 공부해서 합격한 공무원이라는 신분을 저의 잘못으로 인하여 하루아침에 고스란히 내려놔야한다는 생각만 하면 눈앞이 캄캄하고 아무 일도 못하고 있습니다.

○ 우연히 도박 사이트에 호기심이 유발되어 들어갔지만 피고인은 원래 도박을 잘하지 못하는 관계로 여러 번 다른 사람들이 도박을 하는 것을 구경만 했었습니다.

원래부터 피고인은 도박을 하지 못해 구경만 하다가 남들이 도박하는 것에 배팅만 하면 죄가 안 되는 줄만 알고 그만 스포츠도박에 배팅을 한 것은 맞습니다.

○ 당시 피고인으로서는 발뺌을 하거나 빠져나가려고 둘러대는 거짓말은 아닙니다만, 도박을 하지 않고 배팅만 하는데 무슨 죄가 되겠는가하는 안일한 생각으로 베팅한 것은 맞지만 마치 피고인이 많은 돈을 가지고 도박을 한 것으로 꾸며진 수사에는 동의할 수 없다는 것이 피고인의 솔직한 심정입니다.

잠시 한눈팔고 해서는 안 되는 도박에서 배팅을 한 것은 입이 열 개라도 또 할 말이 없고 죽을죄를 졌습니다.

피고인으로서는 이번 일로 공무원도 그만둬야하는 입장에서 처벌
도 받아야 하는 일이 생기고 보니 가족들에게 죄를 짓고 많은 분
들에게 심려를 끼친데 대하여 피고인의 잘못을 전부 자복하고 깊
이 뉘우치며 참회하고 있습니다.

○ 그러나 이 사건의 발단은 아무것도 모르고 호기심에 도박 사이
트에 들어갔다가 일어난 것이므로 정상 참작해 주실 것을 간곡
히 호소합니다.

2. 절차진행에 대한 의견

가. 이 사건 이외에 현재 재판진행 중이거나 수사 중인 다른 사건이 있
다면, 해당 수사기관이나 법원과 그 사건명, 당사자 명을 기재하여
주시기 바랍니다.

○ 없습니다.

나. 이 사건 재판을 진행하기 전에 법원에 이야기하고 싶은 특별한 사
정이 있습니까?

○ 피고인은 하늘이 두 쪽이 난다하더라도 죄가 되는 줄 모르고 옆
에서 배팅만 하는 것은 괜찮을 것이라는 착오에서 비롯된 것임
에도 불구하고 검사가 제시한 범죄일람표를 보고 다리가 후들후
들 떨리고 눈앞이 캄캄하고 아무것도 보이지 않았습니다.

그때서야 피고인이 잘못한 것인 줄 깨달았습니다.

피고인이 나이도 어리고 공무원봉급으로 무슨 돈이 많다고 239,200,000원이나 되는 돈을 도박에 사용하였다 또는 피고인이 마치 도박에서 환급받은 배당금금액이 무려 165,549,000원에 이른다는 주장은 모두 사실과 다른 잘못된 주장입니다.

○ 피고인에게 부풀려진 금액은 사실이 아니라는 것을 다시 한 번 재판장님께 밝혀 드리고 실체적 진실을 가려냈으면 하는 것이 피고인의 소망입니다.

피고인이 처음에는 죄가 안 되는 줄 알고 옆에서 배팅을 하면서 도박에 빠져들었지만 도박이라는 것은 한번 빠지면 쉽게 빠져나오지 못한다는 것을 알았을 때는 이미 늦었다는 것을 알게 되었을 때고 그만 두지 못한 피고인은 정말 가족들을 생각하면 후회되고 얼마나 가슴이 아픈지 모릅니다.

○ 이렇게 하여 피고인이 오고 간 돈은 정확하지는 않지만 고작 1천만 원에 불과한데 무려 2억 원이나 되고 피고인이 모두 환급이나 배당을 받은 것으로 기재되어 있으나 이것은 상상 이외로 가장된 것입니다.

○ 이유야 어찌되었건 피고인이 남들이 하는 도박을 옆에서 배팅한 것은 죄가 되는 줄 몰랐지만 이제 와서 이것이 이렇게 큰 죄인 줄은 몰랐습니다.

죽을죄를 졌습니다.

정말 죄송하고 부끄러운 짓을 했습니다.
그것도 공무원이라는 사람이 도박을 했습니다.

다른 사람들은 형사 처벌을 받으면 되겠지만 피고인으로서는 공무원이라는 신분 때문에 형사 처벌을 받으면 공무원까지 그만둬야하는 처지에 놓여있습니다.

앞으로는 추호도 가족들에게 실망시키는 일 하지 않겠습니다.

○ 피고인에게는 말단 9급 지방 공무원으로 지급받는 급료로 생활비에도 턱없이 모자라는 생활을 하고 있습니다.

어떻게 보면 생활이 어렵다는 핑계로 도박한 것으로 비춰질까봐 두렵기도 하지만 죄송한 말씀이지만 정말 어렵습니다.

피고인의 가족형편을 살피시어 선처를 호소합니다.

한번만 용서해 주시면 다시는 법정에 서는 일 없도록 하겠습니다.

다. 이 사건 재판의 절차 진행에 있어, 법원에서 참작해 주기를 바라는 사항이 있으면, 구체적으로 밝혀 주시기 바랍니다.

○ 본건 공소사실에 대한 검찰제출의 증거사용에 모두 동의하겠습니다.

3. 성행 및 환경에 관한 의견

가. 가족관계

(1) 가족사항 (사실상의 부부나 자녀도 기재하며 중한 질병 또는 장
　　　애가 있는 등 특별한 사정은 비고란에 기재)

관계	성 명	나이	학력	직업	동거여부	비 고
본인	○○○	32	대졸	○○○	○	
부	○○○	64	고졸	자영업	○	
모	○○○	66	고졸	주부	○	
제	○○○	27	학행	대학생	○	

○ 피고인이 살고 있는 집은 방이 3개인데 아버지 어머니께서
안방을 사용하시고 여동생이 방 하나를 사용하고 나머지 방
하나는 피고인이 사용하고 있습니다.

(2) 주거사항

자가 소유(시가 : 　　　　　　　정도)

전세(보증금 : 　　　　원, 　　　　원)

월세(보증금 : 　　　　　　　원)

기타(무상거주 : 아버지 소유의 약 2억 5,000만원 상당의 아파
트에서 무상으로 거주하고 있습니다)

(3) 가족의 수입

○ 피고인의 아버님께서 자영업을 하시고 벌어들이는 수입은

월평균 ○○○여만 원과 피고인의 급료로 지급받는 월 약 ○○○여만 원의 수입과 총 ○○○만원의 소득이 있습니다.

나. 피고인의 학력·직업 및 경력

(1) 피고인의 학력

○ 피고인은 ○○○○. ○○.경 ○○시 ○○구 ○○에 있는 ○○초등학교를 졸업했습니다.

○ 피고인은 ○○○○. ○○.경 ○○시 ○○구 소재에 있는 ○○중학교를 졸업했습니다.

○ 피고인은 ○○○○. ○○.경 ○○시 ○○구 소재에 있는 ○○고등학교를 졸업했습니다.

○ 피고인은 ○○○○. ○○.경 ○○시에 있는 ○○대학교를 체육학과를 졸업하였습니다.

(2) 과거의 직업, 경력

○ 피고인은 ○○○○. ○○. ○○.부터 ○○○○. ○○. ○○.까지 ○○시 ○○구 소재의 ○○경찰서에서 의무경찰로 복무하고 제대했습니다.

○ 피고인은 ○○○○. ○○.부터 공무원시험을 준비하기 위해 필요경비를 ○○○플러스라는 경비업체에서 근무한 경험이 있습니다.

○ 피고인은 ○○○○. ○○.국가 ○○직 ○○○ ○급에 합격하여 ○○○에 근무하였습니다.

○ 현재까지 ○○○에 근무하고 있습니다.

(3) 현재의 직업 및 월수입, 생계유지 방법

○ 피고인은 국가 ○급 ○○직 공무원으로 근무하고 있으며 피고인이 지급받는 급료와 아버지께서 자영업으로 얻는 수입으로 전 가족이 생계를 유지하고 있습니다.

(4) 향후 취직을 하거나 직업을 바꿀 계획 유무 및 그 내용, 자격증 등 소지 여부

○ 부모님께서 불편하신 관계로 가정형편이 매우 어려운 형편에서 피고인은 체육의 특기를 되살려 공무원에서 이번 일로 인하여 그만두게 되더라도 하루속히 취업을 하려고 가진 노력을 다하고 있습니다.

다. 성장과정 및 생활환경 (부모나 형제와의 관계, 본인의 결혼생활, 학교생활, 교우관계, 성장환경, 취미, 특기, 과거의 선행 등을 기재)

○ 피고인의 성격은 차분하면서도 활발하며 항상 남에게 베풀고 싶은 성격을 가지고 있습니다.

○ 힘든 분들을 위해 봉사한다는 생각으로 매사 적극적으로 추진해 내려는 성격도 함께 지니고 있습니다.

○ 특히 주변 분들과 운동을 하는 등 건강은 양호하고 학교생활에서도 친구들과 정말 사이좋게 지내는 친구들이 주변에 정말 많이 있고 지금도 우리 친구들을 자주 만나고 좋은 교류를 하고 있습니다.

○ 피고인은 틈틈이 봉사활동을 해오고 있고 작은 금액이지만 성의껏 소외계층을 위해 꾸준히 기부 하려고 노력하고 있습니다.

라. 피고인 자신이 생각하는 자기의 성격과 장·단점

○ 피고인은 차분한 성격을 지니고 매사에 적극적인 의지를 가지고 있습니다.

4. 정상에 관한 의견(공소사실을 인정하지 않는 경우 기재하지 않아도 됨)

가. 범행을 한 이유

○ 피고인으로서는 처음부터 호기심으로 도박 사이트에 접속하였다가 옆에서 배팅만 하면 죄가 안 되는 줄 알고 도박이라는 것을 접하게 된 것으로 뼈저리게 뉘우치고 많은 것을 깨닫고 반성하고 있습니다.

○ 부모님을 생각해서라도 이런 짓을 하지 말아야 할 처지를 잠시 망각한 채 저지른 잘못 가족들을 생각하면 후회되고 얼마나 가슴이 아픈지 모릅니다.

○ 피고인으로서는 다시는 이런 일로 법정에 서는 일 없도록 하겠습니다.

나. 피해자와의 관계

　　○ 없습니다.

다. 합의 여부 (미합의인 경우 합의 전망, 합의를 위한 노력 및 진행상황)

　　○ 없습니다.

　　○ 피해자가 있다면 응당 그에 대한 피해복구를 할 생각을 당연히
　　　가지고 있습니다.

라. 범행 후 피고인의 생활

　　○ 피고인은 현재 이 시간에도 ○○직 공무원으로서 항상 봉사한다
　　　는 자세로 열심히 일하고 있습니다.

　　○ 머지않아 이번 일로 인하여 ○○직 공무원을 그만두게 되면 바
　　　로 적성에 맞는 직장을 얻기 위해서 열심히 공부하며 자숙하고
　　　있습니다.

마. 현재 질병이나 신체장애 여부

　　○ 건강은 양호한 편입니다.

바. 억울하다고 생각되는 사정이나 애로사항

○ 피고인이 호기심에 저지른 것에 대해서는 입이 열 개라도 할 말이 없습니다.

○ 호기심으로 오고간 잘못이 마치 죽을죄를 진 것처럼 있지도 않은 돈까지 부풀려 흉악범으로 몰아붙이며 마치 큰 범죄자로 낙인을 찍는 것은 정말 억울하게 생각합니다.

○ 피고인은 평소에 얌전한 사람입니다.

○ 피고인이 잘했다는 것은 아니지만 한 순간 잘못된 생각으로 공무원도 그만둬야 하고 처벌도 받아야 하는 가혹한 처벌의 잣대를 들이대는 것은 정말 억울합니다.

선처를 간곡히 호소합니다.

사. 그 외형을 정함에 있어서 고려할 사항

○ 본 건의 경우 피고인은 호기심으로 우연히 도박 사이트에 들어갔다가 다른 사람들이 하는 도박에 구경하다가 일어난 것으로 그 정도가 현저히 약하다 할 것이고, 현재까지의 재판실무상 본 건과 유사한 수위의 동종 사안에서 그 형 종을 벌금형으로 선택하여 온 것에 비추어 피고인에게도 그 형 종으로 벌금형으로 선택하여 주실 것을 간곡히 호소합니다.

○ 또한 오늘날 도박에 대한 엄벌추세 등에 비추어 피고인에게는 범죄경력이 전혀 없고, 아직 젊은 나이로 장남으로서 부모님도 봉양해야 하고 ○○직 공무원으로 근무함에는 상당히 무거운 족쇄로 작용할 것이 자명한바, 한 순간의 실수를 행한 피고인에게

다시 한 번의 기회를 주신다는 의미에서 이번에 한하여 선고유예의 선처를 허락하여 주실 것을 아울러 간곡히 호소합니다.

○ 피고인의 경우에는 아무런 범죄전력이 없습니다.

○ 피고인에게는 ○○직 공무원으로서 재범위험성보다는 개선가능성이 현저히 높습니다.

○ 호기심으로 유발된 우발적으로 이뤄졌던 것입니다.

○ ○○직 공무원인 피고인에게는 치명적으로 사형선고를 내리는 것과 같습니다.

○ 피고인은 그 누구보다도 깊이 잘못을 반성하고, 문제가 된 도박을 아예 끊었다는 점 등을 감안하셔서 귀원께서 이상의 사정을 종합하여 법이 허용하는 범위 내에서 최대한의 선처와 관용을 베풀어 주실 것을 간곡히 부탁드립니다.

5. 양형을 위하여 조사해 주기를 바라는 사항

　가. 피고인의 부모, 형제, 친척, 친구 등 양형조사를 해주기 바라는 사람의 이름과 연락처를 구체적으로 기재

　　○ 없습니다.

　나. 피고인의 양형을 위하여 유리한 문서, 서류 기타 관련 증거 등에 관하여 구체적으로(소재지 등) 기재

○ 없습니다.

6. 법원조사관의 면담을 원하는지 여부

법원조사관을 면담하여 양형에 관한 사실 및 의견에 관하여 도움을 받고
싶은가요?

(1) 원한다(   )

(2) 원하지 않는다(○)

(3) 기타(   )

○○○○ 년 ○○ 월 ○○ 일

위 피고인 : ○   ○   ○   (인)

창원지방법원 형사 제3단독 귀중

의　　견　　서

사　　　건 : ○○○○고단○○○○호　　권리행사방해

피 고 인 : ○　　　○　　　○

안산지원 형사 제2단독 귀중

의 견 서

사　　　건 :　○○○○고단○○○○호　　권리행사방해

피 고 인 :　○　　　　○　　　　○

이 의견서는 피고인의 진술권 보장과 공판절차의 원활한 진행을 위하여 제출
하도록 하는 것입니다. 피고인은 다음 사항을 기재하여 이 양식을 송부 받은
날로부터 **7일 이내에** 법원에 제출하시기 바랍니다.

진술을 거부하는 경우에는 진술을 거부한다는 내용을 기재하여 제출할 수 있
습니다.

이 의견서는 피고인에 대한 양형자료로 사용될 수 있으니 양형에 참작할 유
리한 내용이 있는 경우 빠짐없이 기재해 주시기 바랍니다.

1. 공소사실에 대한 의견

가. 공소사실의 인정 여부

(1) 공소사실을 모두 인정함(　　)

(2) 세부적으로 약간 다른 부분은 있지만 전체적으로 잘못을 인정
함(○)

(3) 여러 개의 공소사실 중 일부만 인정함(　　)

(4) 공소사실을 인정할 수 없음(　　)

(5) 진술을 거부함(　　)

나. 공소사실을 인정하지 않거나{1의 가. (3), (4) 중 어느 하나를 선택한 경우}, 사실과 다른 부분이 있다고 하는 경우{1의 가. (2)를 선택한 경우}, 그 이유를 구체적으로 밝혀 주시기 바랍니다.

○ 피고인은 ○○○○. ○○. ○○.공소 외 ○○○이라는 지인을 만나 홈플러스 또는 이마트 등 대형마트위주로 행사 팀을 꾸려 의류를 공급하는 판매업을 동업하기로 하고 우선 의류제품을 공급하는데 적합한 차량으로 카니발 중고차량을 구입하되 차량에 소요되는 구입비용도 피고인과 동업자가 반반 부담하기로 하여 공동명의로 구입하려고 했으나 그 동업자는 차량을 구입할 입장이 되지 못하여 피고인의 명의로 ○○○○. ○○. ○○. 서울시 강서구 소재 주식회사 ○○○○ 사무실에서 그랜드카니발 ○○도○○○○호 중고차(앞으로는 '이 사건 차량'으로 줄여 쓰겠습니다)를 구입하면서 주식회사 ○○캐피탈로부터 2,100만 원을 대출받게 되었습니다.

○ 공소사실에 의하면 모두 피고인이 의도적으로 권리행사를 방해한 것으로 비춰진데 대하여 아래와 같이 부당합니다.

○ 이 사건 차량에 대하여 마치 피고인이 1,000만 원 상당의 수리비가 들도록 파손하였고, 수리비를 마련할 수 없게 되자 피해자에게 연락하지 아니하고 임의로 이 사건 차량을 폐차하는 방법으로 피해자의 저당권을 실행하지 못하게 하였다는데 있습니다.

○ 그러나 이는 상당한 부분이 착각 내지는 오해한데 비롯된 것 같습니다.

○ 피고인은 일체 이 사건 차량을 운행한 사실 전혀 없었고 이 사

건 차량은 처음부터 동업자가 단독으로 운행한 것이지만 동업자에게 피고인이 확인한 바에 의하면 이 사건 차량을 구입한지 얼마되지 않아 차량의 엔진과 미션이 고장이 나서 그 수리비만 해도 1,000만 원이나 된다는 것만 하더라도 동업자나 피고인이 의도적으로 이 사건 차량을 손괴한 것으로 추단한데 대하여 강한 불만을 가지고 있습니다.

○ 절대 이 사건 차량은 피고인이 의도적으로 피해자를 해할 목적으로 손괴한 것이 아닌 워낙에 오래된 중고차량이라 구입한지 불과 얼마되지 않아 엔진과 디젤 차량의 생명과도 같은 미션에 중대한 하자가 발생하여 수소문 하였으나 그에 대한 수리비만 1,000만 원에 달하여 엄두를 내지 못하고 정비 업소에 그대로 방치할 경우 보관료 또한 무시할 수 없는 상황에서 피고인에게 군입대하라는 영장이 나왔습니다.

○ 피고인으로서는 동업자도 나 몰라라 하고 피고인의 명의로 구입한 것이기에 폐차를 하려고 여기 저기 수소문하였으나 이 사건 차량에는 근저당권이 설정되어 있으므로 서류상으로는 폐차가 불가능하다고 하였지만 당장 군에 입대해야 하는 피고인으로서는 다급한 심정으로 이 사건 차량을 폐차할 수밖에 없었습니다.

○ 여기에는 두 가지의 이유가 있었습니다. 하나는 워낙에 오래된 중고차량이다 보니 거금을 들여 수리를 하더라도 그만한 가치의 보장도 어려웠고 이상이 없다는 보장도 없었으며 피고인에게는 그만한 거금이 수중에는 없었습니다.

○ 이러한 상황에서 군에 입대하여야 하는 어쩔 수 없는 사정으로 내린 결정을 가지고 마치 의도적으로 피해자의 근저당권실행을 방해한 것으로 몰아붙이는 것은 지나친 힘의 작용입니다.

○ 피고인이 어쩔 수 없는 긴급한 상황에서 수리를 택하지 않고 폐차를 택한 것이 경제적으로 유익하지 못합니다. 왜냐하면 수리를 피고인이 1,000만 원 들려 수리를 했더라도 피해자가 근저당권실행으로 차량에 대한 경매를 실행하였다고 하더라도 이 사건 차량은 이미 노후 되어 워낙에 큰 수리도 했고 상당이 오래된 차량이라 그만한 가치형성이 불가능합니다.

○ 그러므로 피고인의 이 사건 차량에 대한 폐차관계만 살펴 볼 것이 아니라 경제적인 측면도 고려하여 판단해 주셨으면 하는 마음도 있습니다.

2. 절차진행에 대한 의견

가. 이 사건 이외에 현재 재판진행 중이거나 수사 중인 다른 사건이 있다면, 해당 수사기관이나 법원과 그 사건명, 당사자 명을 기재하여 주시기 바랍니다.

○ 없습니다.

나. 이 사건 재판을 진행하기 전에 법원에 이야기하고 싶은 특별한 사정이 있습니까?

○ 피고인은 이 사건 자신의 범행을 오두 이를 인정하고 있으며, 이 사건 차량에 대한 수리비 1,000만 원을 들여 수리하지 않고 경제적 측면에서 폐차를 진행 것 때문에 피해자에게 진심으로 사죄를 구하고 싶습니다.

○ 뿐만 아니라 이 사건 이후 피고인은 단 하루도 후회를 하지 않은 날이 없을 정도로 깊이 뉘우치며 반성하고 있습니다.

○ 법을 모르고 나이어린 피고인의 눈앞에 닥친 거금의 수리비와 당장 군에 입대하여야 한다는 급박한 심정으로 일어난 것이기에 후회하고 있습니다.

○ 이유여하를 막론하고 피고인이 잘못한 것은 맞습니다.

피고인은 깊이 반성하고 다시는 이러한 일 없도록 하겠습니다.

다. 이 사건 재판의 절차 진행에 있어, 법원에서 참작해 주기를 바라는 사항이 있으면, 구체적으로 밝혀 주시기 바랍니다.

○ 본건 공소사실에 대하여 검찰제출의 증거사용에 동의하겠습니다.

3. 성행 및 환경에 관한 의견

가. 가족관계

(1) 가족사항(사실상의 부부나 자녀도 기재하며 중한 질병 또는 장애가 있는 등 특별한 사정은 비고란에 기재)

○ 피고인의 아버지 ○○○은 가족과는 인연을 끊고 사실상 피고인이 어머님을 부양하고 있습니다.

관계	성 명	나이	학력	직업	동거여부	비 고
본인	○○○		대학교	사업 준비	○	
부	○○○			무직	○	
모	○○○					

(2) 주거사항

자가 소유(시가 : 210,000,000원정도 주택대출 130,000,000원)

전세(보증금 :   원,   원)

월세(보증금 :   원)

기타(무상거주 :   원)

(3) 가족의 수입

○ 피고인은 도시일용직에 종사하다가 어깨를 심하게 다쳐 최근부터 대리운전 등으로 매월 150만 원의 수입이 있습니다.

나. 피고인의 학력 · 직업 및 경력

(1) 피고인의 학력

○ 피고인은 1993. 2.경 ○○시 ○○초등학교를 졸업했습니다.

○ 피고인은 1996. 2.경 ○○시 ○○중학교를 졸업했습니다.

○ 피고인은 1999. 2.경   ○○시 ○○고등학교를 졸업했습니다.

○ 피고인은 2002. 3.경   ○○대학교 건축학과를 중퇴하였습니다.

(2) 과거의 직업, 경력

○ 피고인은 2002. 10.부터 2003. 3.까지 ○○시 ○○구 ○○동 소재 ○○설비 주식회사에서 근무.

○ 피고인은 2015. 8.부터 현재까지 어디에서 대리운전기사를 하고 있습니다.

(3) 현재의 직업 및 월수입, 생계유지 방법

○ 피고인은 낮에는 도시일용근로자로 야간에는 대리운전기사로 일을 하고 매월 약 150만 원의 수입으로 어머님을 부양하며 주택자금 대출금 금 원(주식회사 ○○은행 ○○○○. ○○. ○○.자)의 원리금을 납부하는 등 가족이 생계를 유지하고 있습니다.

(4) 향후 취직을 하거나 직업을 바꿀 계획 유무 및 그 내용, 자격증 등 소지 여부

○ 피고인은 거동이 불편하신 어머님도 모셔야 하고 도시일용직 또는 대리운전기사로 일하고 있으면서 틈틈이 군대제대하기 전부터 해오던 의류제품판매업을 운영하려는 계획으로 준비 중에 있습니다.

○ 머지않아 의류판매업소를 설립하여 전공을 살릴 수 있는 길

이라면 무엇이든 우리 가족을 위해 열중하려고 합니다.

다. 성장과정 및 생활환경 (부모나 형제와의 관계, 본인의 결혼생활, 학교생활, 교우관계, 성장환경, 취미, 특기, 과거의 선행 등을 기재)

○ 피고인의 성격은 차분하면서도 활발하며 항상 남에게 베풀고 싶은 심성을 지니고 있습니다.

○ 피고인은 그동안 꾸준히 헌혈활동에 참여하는 등 노인종합복지관에서 봉사활동을 하거나, 뇌사 시 장기를 기증하기로 결심하고 있으며, 사회복지법인에서 국내아동을 위하여 일정금액을 기부하기로 하는 등 사회에 보탬이 되고자 노력하고 있습니다.

○ 특히 주변 분들과 운동을 하는 등 건강은 양호하고 학교생활에서도 친구들과 정말 사이좋게 지내는 친구들이 주변에 상당히 많고 지금도 우리 친구들을 자주 만나고 있습니다.

○ 피고인은 지금 이 시간에도 의류판매업소 운영을 위하여 배움을 게을리 하지 않고 있으며 누구보다 열심히 생활하고 있습니다.

○ 또한 피고인은 이러한 능력을 개인의 이익을 위해서만 사용하는 것이 아니라 사회단체에도 일정금액을 기부하는 등 사회에 환원하려고 노력하고 있습니다.

라. 피고인 자신이 생각하는 자기의 성격과 장·단점

○ 피고인은 차분한 성격을 지니고 매사에 적극적인 의지력을 가지고 있습니다.

4. 정상에 관한 의견(공소사실을 인정하지 않는 경우 기재하지 않아도 됨)

　가. 범행을 한 이유

　　○ 피고인은 동업을 목적으로 구입한 중고차량이 워낙에 오래되어 구입한지도 얼마 되지 않았는데 엔진과 미션에 고장이 생겨 운행할 수 없었던 상황에서 수리비만 하더라도 1,000만 원이 소요되고 수리를 한다고 하더라도 안전을 보장할 수 없었던 상황에서 갑자기 군에 입대해야할 긴급한 상황에서 어쩔 수 없이 이 사건 차량을 폐차하게 된 것입니다.

　나. 피해자와의 관계

　　○ 이 사건 차량에 근저당권을 설정한 것으로 알고 있습니다.

　다. 합의 여부(미합의인 경우 합의 전망, 합의를 위한 노력 및 진행상황)

　　○ 피고인은 그 동업자에게는 전혀 연락이 되지 않는 상황에서 무슨 수가 있더라도 피해자가 입은 피해를 변제하려고 낮에는 일용금로자로 밤늦게까지 대리운전을 하는 등 자금을 마련하고 있습니다.

　　○ 이 사건과 관계없이 변제하겠다는 생각은 변함이 없습니다.

　　○ 조금만 시간적으로 유예를 주시면 반드시 변제하겠습니다.

라. 범행 후 피고인의 생활

○ 피고인은 지금 이 시간에도 낮에는 일용근로자로 밤에는 대리운
  전기사로 열심히 일하고 거동이 불편하신 어머님을 부양하고 있
  습니다.

마. 현재 질병이나 신체장애 여부

○ 건강은 양호한 편입니다.

바. 억울하다고 생각되는 사정이나 애로사항

○ 피고인으로서는 이번 범행에 대하여 잘했다는 것이나 남을 탓하
  고 싶지는 않지만 어쩔 수 없었던 이유는 워낙에 오래된 중고차
  량에 1,000만 원을 들여 수리를 할 돈도 없었지만 수리를 하였
  다고 하더라도 성능이나 그만한 가격형성을 보장할 수도 없었고
  바로 군대에 입대해야 하고 그대로 방치할 경우 보관료가 발생
  할 것으로 예상하고 어쩔 수 없는 긴급한 상황에서 수리가 아닌
  폐차를 선택하였던 것입니다.

○ 만약에 피고인이 수리를 감행하였다손 치더라도 피해자가 이 사
  건 차량에 대한 경매를 진행한다고 해도 결국 피해자의 채권은
  회수 또한 불가능한 사정을 감안한다면 무익한 것이므로 피고인
  의 범행을 추궁하기 이전에 이 사건 차량이 지니는 경제적 가치
  부터 고려하였어야 하는데 그렇지 못해 부당합니다.

○ 무조건 피고인만 몰아붙이는 것이라면 피고인의 생각이 잘못된

것이라면 피고인이 수리를 하지 않고 어느 한적한 곳에 이 사건 차량을 방치했더라면 결국 피고인은 권리행사방해라는 죄는 면할 수 있었을 텐데 피고인은 후회가 막심합니다.

○ 피고인이 잘했다는 것은 아니지만 여러 가지의 경제적 가치와 형편 등을 생각하여 폐차하게 된 것인데 피고인에게 이렇게 가혹한 처벌의 잣대를 들이대는 것은 억울합니다.

사. 그 외형을 정함에 있어서 고려할 사항

○ 본건은 양형 기준표 적용 대상 사건으로 일반 권리행사방해죄 영역에 해당합니다.
피고인에 대한 특별양형인자 중 감경요소로는 ① 권리행사방해가 현저히 약한 경우, ② 피해의 정도가 약한 경우, ③ 가중요소는 존재하지 않습니다.

○ 그리고 일반양형인자 중 감경요소로는 진지한 반성, 형사처벌 전력 이 전혀 없음을 들 수 있고, 가중요소 또한 없습니다.

○ 따라서 특별감경요소만 3개가 존재하는 본건에 있어서는 일반 권리행사방해죄의 특별감경영역에 해당하여 징역형을 선택할 경우에는 그 형량 권고 범위가 1년 이하의 징역이라 할 것입니다.

○ 그런데 본건의 권리행사방해, 피해의 정도가 현저히 약하다 할 것이고 현재까지의 재판실무상 본건과 유사한 수위의 동종 사안에서 그 형 종을 벌금형으로 선택하여 온 것에 비추어 피고인에게도 그 형 종을 벌금형으로 선택하여 주실 것을 간곡히 호소합니다.

○ 피고인에 대한 귀원께서 이상의 사정을 종합하여 법이 허용하는
범위 내에서 최대한의 선처와 관용을 베풀어 주실 것을 다시 한
번 간곡히 호소합니다.

5. 양형을 위하여 조사해 주기를 바라는 사항

　가. 피 이름과 연락처를 구체적으로 기재

　　○ 없습니다.

　나. 피고인의 양형을 위고인의 부모, 형제, 친척, 친구 등 양형조사를
해주기 바라는 사람의하여 유리한 문서, 서류 기타 관련 증거 등에
관하여 구체적으로(소재지 등) 기재

　　○ 차량에 대한 견적서 및 등록원부를 제출하겠습니다.

6. 법원조사관의 면담을 원하는지 여부

　법원조사관을 면담하여 양형에 관한 사실 및 의견에 관하여 도움을 받고
싶은가요?

(1) 원한다(　　　)

(2) 원하지 않는다(　○　)

(3) 기타(　　　)

○○○○ 년 ○○ 월 ○○ 일

위 피고인 : ◯　◯　◯　　（인）

안산지원 형사 제2단독 귀중

의　　　견　　　서

사　　　건 : ○○○○고단○○○○호　특정경제범죄가중처벌등에
관한법률위반(사기)

피　고　인 : ○　　　　○　　　　○

대구지방법원 영덕지원 제1형사부 귀중

의 견 서

사   건 : ○○○○고단○○○○호   특정경제범죄가중처벌등에
                                    관한법률위반(사기)

피 고 인 : ○   ○   ○

이 의견서는 피고인의 진술권 보장과 공판절차의 원활한 진행을 위하여 제출하
도록 하는 것입니다.

피고인은 다음 사항을 기재하여 이 양식을 송부 받은 날로부터 <u>7일 이내에</u> 법
원에 제출하시기 바랍니다. 진술을 거부하는 경우에는 진술을 거부한다는 내용
을 기재하여 제출할 수 있습니다.

이 의견서는 피고인에 대한 양형자료로 사용될 수 있으니 양형에 참작할 유리
한 내용이 있는 경우 빠짐없이 기재해 주시기 바랍니다.

1. 공소사실에 대한 의견

　　가. 공소사실의 인정 여부

　　　　(1) 공소사실을 모두 인정함(   )
　　　　(2) 세부적으로 약간 다른 부분은 있지만 전체적으로 잘못을 인정
　　　　　　함(   )
　　　　(3) 여러 개의 공소사실 중 일부만 인정함(   )
　　　　(4) 공소사실을 인정할 수 없음(○)
　　　　(5) 진술을 거부함(   )

나. 공소사실을 인정하지 않거나{1의 가. (3), (4) 중 어느 하나를 선택한 경우}, 사실과 다른 부분이 있다고 하는 경우{1의 가. (2)를 선택한 경우}, 그 이유를 구체적으로 밝혀 주시기 바랍니다.

○ 피고인과 피해자는 중학교 동창생 사이로 오래 전부터 서로 마음을 터놓고 지내던 사이입니다.

○ 피고인은 ○○○○에 근무하다가 퇴직하고 버섯을 재배하면서 틈틈이 노후 생활을 위하여 피고인이 지금까지 모은 돈을 은행에 저축하면 안전하고 환금성도 뛰어나지만 이율이 너무 낮아 투자가치가 없었고 부동산에 투자하려고 해도 정부의 적극적인 공급확대 정책으로 인하여 제4차 국토개발계획이 끝나는 2020년에는 우리나라의 주택 보급률이 120%에 이르게 되면 주택이 남아 돈 다는 생각으로 상가에 투자하려고 해도 목 좋은 곳을 찾아 간다면 승산이 있겠지만 목 좋은 상가는 이미 권리금이 높게 형성되어 있고 신규로 분양하는 상가들은 상권형성 여부가 불투명한 상태라는 것을 직감하고 선물투자를 선택하여 일명 재테크(재무 테크놀로지)를 하게 된 동기가 되었습니다.

○ 피해자와 피고인은 ○○○○. ○○. ○○. 경상북도 영덕군 영덕읍 ○○로 소재의 한 식당에서 우연히 만나 저녁식사를 하면서 이런 저런 이야기를 하게 되었는데 이때 피해자는 피고인이 선물에 투자를 하고 있다는 사실도 이미 알고 있었고 누구보다도 선물투자에 대한 관심이 많았던 것도 사실이었습니다.

○ 그래서 피고인이 인터넷을 통하여 선물투자전문가들이 추천하는 종목을 꼼꼼하게 체크하고 잘 따져본 연후에 투자하고 있다고 하자 피해자도 피고인과 같이 선물에 투자를 하고 피해자가 선

물에 투자할 자금은 편의상 피고인 명의로 된 ○○은행계좌로 입금한 돈을 피해자의 의도에 따라 선물에 투자한 것이며 선물을 매매한 대금도 피해자가 모두 가지고 갔기 때문에 금융거래 상으로는 피고인에게 송금한 것으로 되어 있지만 실제는 피해자가 피고인의 계좌를 이용한 것입니다.

○ 그렇다고 해서 피고인이 피해자의 위 선물투자 금을 빼돌렸거나 개인용도로 사용한 사실도 없습니다.

○ 오히려 피해자는 안타깝게도 사건 당시의 정황에 대하여 사실과 전혀 다르게 부풀려서 마치 피고인이 부동산을 구입한다고 해서 돈을 보내준 것인데 고의적으로 편취한 것으로 주장하고 있습니다.

○ 그러나 이러한 선물투자 금이 사전에 계획된 부동산구입에 대한 사기로 바뀌고, 마치 중학교 동창생인 피해자를 기망하여 거금을 가로 챈 사람으로 비춰지는 것에 대해서는 피고인의 양심과 인격상 도저히 용납할 수가 없어 이렇게 염치불구하고 이를 바로 잡고자 진심에 호소하게 된 것입니다.

○ 피해자의 잘못된 주장을 아래와 같은 사유로 오해의 소지를 없애기 위해 진심어리고 진실 된 내용을 정리하오니 부디 피고인의 진정성을 꼭 받아주시기 바랍니다.

① 부동산투자목적으로 총 ○○회에 걸쳐 합계 ○○○,○○○, ○○○원을 송금 받아 재산상의 이익을 취득하였다는 주장에 대하여,

- 피해자는 피고인이 개발제한구역내의 땅을 반값에 구입할 수 있다고 해서 돈을 보내준 것이라고 하면서 피고인의 ○

○은행계좌로 송금한 거래내역 서를 제출하고 있으나 이는 사실과 전혀 다릅니다.

- 설사 부동산을 매입을 목적으로 돈을 지급한 것이 사실이라면 계약금도 있어야 하고 중도금 혹은 잔금이 있어야 할 것이며 피해자는 어디에 있는 땅이고 그 땅의 값이 얼마이며 이에 계약금으로 얼마를 보내줬고 중도금으로 얼마를 보내주고 잔금을 얼마를 준 것이라는 구체적인 사실관계를 진술하지 못하고 있는 것만 보더라도 아무런 근거도 없이 피고인을 처벌시키려고 둘러대는 것입니다.

- 범죄일람표 상에 기재된 자금의 흐름만 보더라도 피해자의 주장은 사실과 확연히 다르다는 것을 알 수 있습니다.

첫째는 매매대금으로 볼 수 없다는 것입니다.

범죄일람표에 의하면 피해자가 피고인의 계좌로 송금한 내역에 의하면 매매대금 350,000원도 송금한 적 있고, 450,000원과 555,000원 또는 500만원도 있는데 이렇게 작은 금액을 부동산투자 금 또는 부동산매입대금으로 볼 수 없다는 것입니다.

둘째는 매매대금으로 지급한 기간이 길다는 것입니다.

피해자는 ○○○○. ○○. ○○.부터 ○○○○. ○○. ○○.까지의 근 3년간에 걸쳐 부동산투자 금 또는 매매대금으로 송금하였다고 주장하고 있으나 송금기간만 보더라도 설득력이 없습니다.

셋째는 작은 금액은 선물투자가 가능하다는 것입니다.

피해자가 피고인을 만나 선물투자를 이야기 한 직

후인 ○○○○. ○○. ○○. 금 2,000만원을 피고인의 관리계좌인 ○○은행계좌로 처음 송금하기 시작했다는 것이 입증됩니다.

② 부동산투자 금 편취부분에 대하여,

- 피고인은 어떠한 목적으로도 단언 코 피해자를 속인 사실도 없고 재산상의 이익을 취득한 사실도 없습니다.

- 피고인은 하늘에 맹세코 절대 피해자를 속이지 않았습니다.

○ 한편 피해자가 선물투자에서 손실을 자초한 것도 피해자의 운용에서 비롯된 것입니다.

왜냐하면 피해자는 50만원부터 500만원에 이르기까지 작은 돈으로 선물을 매입한 것을 갑자기 다른 곳에 투자하겠다며 한꺼번에 무려 7,000여만 원에 이르는 선물을 싼 값에 처분함으로써 파생되는 손실이 커지자 의도적으로 피고인에게 뒤집어씌우기 위해 있지도 않은 부동산투자에 돈을 보낸 것이라며 피고인의 과거 ○○○○의 근무경력까지 그럴듯하게 포장하여 부동산사기로 몰아갔습니다.

○ 피고인은 과거 주택공사에 근무하면서도 단 한차례 부동산투기를 한 적 없고 돈이 될 수도 있는 부동산의 유혹을 뿌리치고 나름대로 청렴하게 근무했다고 자부할 수 있습니다.

○ 피고인의 계좌이지만 피해자가 선물투자 하는 계좌로 이용되었기 때문에 피고인으로서는 이 사건이 있고 나서야 계좌로 하여금 자금의 흐름을 파악한 바에 의하면 ○○○○. ○○. ○○.부터 ○○○○. ○○. ○○.까지 피해자가 피고의 위 계좌로 총

○○회에 걸쳐 금 ○○○,○○○,○○○원이 입금되어 피해자가 위 계좌에서 수령한 금액은 금 ○○○,○○○,○○○원입니다.

○ 그간 피고인으로서도 사회경기 침체 등의 여파로 가지고 있던 돈을 몽땅 선물에 투자하였지만 막대한 손실을 입었던 것인데 오히려 피해자는 자신이 피고인을 통하여 선물투자에 손실을 보게 된 것도 모두 피고인에게 있는 것처럼 몰아붙이고 압박을 가하여 그래도 친구에 대한 의리를 생각해서 여기저기서 돈을 빌리고 가지고 있던 선물투자 금을 회수하여 피해자에게 지급하였던 것입니다.

○ 피고인이 억울하게 생각하는 것이 있다면 피해자의 마음입니다.

투자를 하다보면 손해도 볼 수 있고 많은 수익도 낼 수 있습니다.

그래도 도의적인 책임과 친구에 대한 우정 때문에 어려운 처지에서도 여기저기서 돈을 빌리고 손해를 보고서도 선물투자를 처분한 돈으로 피해자에게 지급하였던 것인데 모두 피고인에게 떠넘기려고 있지도 않은 부동산투자사기로 뒤집어씌우는 우리 친구가 야속하기만 합니다.

2. 절차진행에 대한 의견

가. 이 사건 이외에 현재 재판진행 중이거나 수사 중인 다른 사건이 있다면 해당 수사기관이나 법원과 그 사건명, 당사자 명을 기재하여 주시기 바랍니다.

○ 없습니다.

나. 이 사건 재판을 진행하기 전에 법원에 이야기하고 싶은 특별한 사정이 있습니까?

○ 피고인은 피해자의 요청에 의하여 선물에 투자하기로 하고 피고인의 계좌번호로 선물에 투자할 자금을 관리한 것일 뿐 부동산투자와 관련한 부동산매입대금으로 송금 받은 것은 절대 아닙니다.

○ 피고인으로서는 피해자에게 피고인이 ○○년 동안이나 투자하고 공을 들였던 버섯재배농장까지 모두 내어줬습니다.

○ 피고인 또한 선물투자로 인하여 신용불량자가 된지 오래되었고 가족들이 살던 집까지도 빚으로 넘어간 상태입니다.

○ 피고인의 아내도 피고인의 손실로 인하여 신용불량자가 되어 정말 가장 가슴이 많이 아픕니다.

○ 피고인은 오도 갈 때도 없는 처지에서 동생의 소유로 되어 있는 농가주택으로 들어가 9순 노모님을 모시고 있습니다.

다. 이 사건 재판의 절차 진행에 있어, 법원에서 참작해 주기를 바라는 사항이 있으면, 구체적으로 밝혀 주시기 바랍니다.

○ 본건 공소사실에 대한 검찰제출의 증거사용에 동의할 수 없습니다.

3. 성행 및 환경에 관한 의견

가. 가족관계

    (1) 가족사항 (사실상의 부부나 자녀도 기재하며 중한 질병 또는 장애가 있는 등 특별한 사정은 비고란에 기재)

관계	성 명	나이	학력	직업	동거여부	비 고
본인	○○○	○○	대졸	무직	○	○○○○
처	○○○	○○	고졸	주부	○	○○○
모	○○○	○○	무	무직	○	

    ○ 피고인이 현재 거주하고 있는 경상북도 영덕군 영덕읍 ○○로 ○○,는 동생 ○○○(○○세) 소유의 농가주택으로서 방 2칸인데 여기서 9순 노모님께서 안방을 사용하시고 피고인은 아내와 함께 작은 방을 사용하고 있습니다.

    (2) 주거사항

        자가 소유(시가 :   정도)

        전세(보증금 :   원,   원)

        월세(보증금 :   원)

        기타(무상거주 : 동생 ○○○ 소유의 위 농가주택에서 무상거주)

    (3) 가족의 수입

        ○ 피고인과 아내 또한 아무런 소득이 없는 상태에서 국민연금

으로부터 매월 지급받는 연금 ○○○만 원 정도의 수입이
고작입니다.

나. 피고인의 학력·직업 및 경력

(1) 피고인의 학력

○ 피고인은 1959. 3. ~ 1965. 2.경 영덕군 ○○국민학교를 졸
업했습니다.

○ 피고인은 1965. 3. ~ 1968. 2.경 영덕군 ○○중학교를 졸업
했습니다.

○ 피고인은 1968, 3. ~ 1971. 2.경 대구 ○○고등학교를 졸업
했습니다.

○ 피고인은 1971. 3. ~ 1975. 2.경 경북 ○○대학교 졸업하였
습니다.

(2) 과거의 직업, 경력

○ 피고인은 1975. 3. 15. ~ 1978. 1. 11.까지 해군복무를 마
쳤습니다.

○ 피고인은 1979. 3. 15. ○○○○에 입사하였습니다.

○ 피고인은 2010. 12. 31.부로 ○○○○에서 정년퇴직하였습
니다.

○ 현재는 버섯을 재배하고 있습니다.

(3) 현재의 직업 및 월수입, 생계유지 방법

    ○ 피고인은 버섯을 재배하고 있으나 별다른 소득이 없고 무직으로 국민연금으로부터 매월 지급받는 국민연금 월 ○○○만 원으로 전 가족이 생계를 유지하고 있습니다.

(4) 향후 취직을 하거나 직업을 바꿀 계획 유무 및 그 내용, 자격증 등 소지 여부

    ○ 피고인도 당뇨병으로 꾸준히 치료를 받고 있고 배우자 또한 갑상선암을 수술하는 등 9순의 노모님을 봉양하며 오래 전부터 재배해오던 버섯을 키우고 있습니다.

    ○ 틈틈이 가족들의 생계유지에 도움이 되는 일이라면 무엇이든 하겠다는 각오로 열심히 살고 있습니다.

다. 성장과정 및 생활환경 (부모나 형제와의 관계, 본인의 결혼생활, 학교생활, 교우관계, 성장환경, 취미, 특기, 과거의 선행 등을 기재)

    ○ 피고인의 성격은 차분하면서도 활발하며 항상 남에게 베풀고 싶은 성격을 가지고 있습니다.

    ○ 힘든 분들을 위해 봉사한다는 생각으로 매사 적극적으로 추진해 내려는 성격도 함께 지니고 있습니다.

    ○ 특히 당뇨병의 치료를 목적으로 꾸준히 운동을 하고 있으며 학교생활에서도 친구들과 정말 사이좋게 지내는 친구들이 주변에

상당히 많고 지금도 우리 친구들을 자주 만나고 좋은 교류를 하고 있습니다.

○ 피고인은 틈틈이 봉사활동을 해오고 있고 작은 금액이지만 성의껏 소외계층을 위해 꾸준히 기부 하려고 노력을 다하고 있습니다.

라. 피고인 자신이 생각하는 자기의 성격과 장·단점

○ 피고인은 차분한 성격을 지니고 매사에 적극적인 의지를 가지고 있습니다.

4. 정상에 관한 의견(공소사실을 인정하지 않는 경우 기재하지 않아도 됨)

가. 범행을 한 이유

○ 피고인은 선물투자에 유독 관심이 많은 피해자를 만나 피해자가 가지고 있는 선물투자 금을 피고인의 계좌로 송금하는 방식으로 선물투자 금을 받은 것은 맞지만 피고인이 임의대로 투자하였다거나 손실을 끼친 것도 아니고 다만 사회전반에 걸친 경기침체 등으로 주식시장이 원활하지 못했던 탓도 있을 수 있습니다만 선물투자 금의 손실을 자초한 것은 무엇보다도 피해자가 송금한 작은 돈으로 그때그때 매입한 선물을 가격이 떨어진 상태에서 피해자가 한꺼번에 다른 곳에 많은 돈을 투자하겠다며 싼 값으로 선물을 처분하는데서 비롯된 것입니다.

○ 결코 피고인은 피해자를 기망하거나 재산상의 이득을 취한 사실 없습니다.

나. 피해자와의 관계

　　○ 피해자와는 영덕 ○○중학교 동창생입니다.

다. 합의 여부 (미합의인 경우 합의 전망, 합의를 위한 노력 및 진행상황)

　　○ 없습니다.

　　○ 현재는 능력이 없지만 능력이 된다면 피해자와의 의리를 생각해서
　　　라도 피해자의 손실금을 대신 갚아주고 싶은 생각밖에 없습니다.

라. 범행 후 피고인의 생활

　　○ 피고인은 현재 9순 노모님을 부양하면서 버섯재배에 전력을 다
　　　하고 있습니다.

마. 현재 질병이나 신체장애 여부

　　○ 만성 당뇨병으로 하루도 빠지지 않고 치료를 받고 있습니다.

바. 억울하다고 생각되는 사정이나 애로사항

　　○ 피고인은 처음부터 뜻을 같이하던 친구인 피해자와 선물투자를
　　　목적으로 피고인의 계좌로 송금을 받아 피해자가 피고인과 같이
　　　선물에 투자하였던 것인데 사회경기가 침체되어 선물투자 한 것
　　　이 피고인도 피해자도 똑 같이 손해를 본 것인데 피해자의 손실
　　　을 가까운 친구에게 있지도 않은 부동산투자 금으로 둔갑시켜
　　　그 책임을 뒤집어씌우고 압박을 가했지만 도의적인 책임 때문에
　　　피고인은 집까지 넘어가는 입장에서도 ○○년 동안 투자하고 키

워왔던 버섯재배농장까지 고스란히 피해자에게 넘겨주고도 피해자를 원망하지 않았으나 피해자가 투자한 선물투자 금을 부동산투자 금으로 피고인을 사기꾼으로 몰아가는 피해자를 원망하지 않을 수 없었습니다.

○ 그렇다고 해서 피해자를 원망하면 무슨 소용이 있겠습니까.

한 가지 억울한 것이 있다면 피해자 스스로 선물에 투자한 금액을 피고인의 계좌로 송금하였다는 이유만으로 마치 이 돈을 부동산투자 금으로 뒤집어씌우고 사기꾼으로 몰아붙인다는 것은 정말 억울하게 생각합니다.

사. 그 외형을 정함에 있어서 고려할 사항

○ 피고인의 경우에는 아무런 범죄전력이 없습니다.

○ 피고인은 피해자를 상대로 기망을 한 사실도 없고 재산상의 이익을 취득한 사실도 없습니다.
한 번만 더 재고해 주셨으면 합니다.

5. 양형을 위하여 조사해 주기를 바라는 사항
가. 피고인의 부모, 형제, 친척, 친구 등 양형조사를 해주기 바라는 사람의 이름과 연락처를 구체적으로 기재

○ 없습니다.

나. 피고인의 양형을 위하여 유리한 문서, 서류 기타 관련 증거 등에
   관하여 구체적으로(소재지 등) 기재

   ○ 없습니다.

6. 법원조사관의 면담을 원하는지 여부

   법원조사관을 면담하여 양형에 관한 사실 및 의견에 관하여 도움을 받고
   싶은가요?

   (1) 원한다(   )
   (2) 원하지 않는다(○)
   (3) 기타(   )

                    ○○○○ 년 ○○ 월 ○○ 일

                         위 피고인 : ○   ○   ○   (인)

대구지방법원 영덕지원 제1형사부 귀중

의 　 견 　 서

사　　　건 ： ○○○○고단○○○○호　　폭력행위 등

피 고 인 ： ○　　　　○　　　　○

대구지방법원 영덕지원 제1형사부 귀중

의 견 서

사　　　건 : ○○○○고단○○○○호　　폭력행위 등

피 고 인 : ○　　　　○　　　　○

이 의견서는 피고인의 진술권 보장과 공판절차의 원활한 진행을 위하여 제출하도록 하는 것입니다. 피고인은 다음 사항을 기재하여 이 양식을 송부 받은 날로부터 **7일 이내에** 법원에 제출하시기 바랍니다. 진술을 거부하는 경우에는 진술을 거부한다는 내용을 기재하여 제출할 수 있습니다.

이 의견서는 피고인에 대한 양형자료로 사용될 수 있으니 양형에 참작할 유리한 내용이 있는 경우 빠짐없이 기재해 주시기 바랍니다.

1. 공소사실에 대한 의견

가. 공소사실의 인정 여부

(1) 공소사실을 모두 인정함(　　　)

(2) 세부적으로 약간 다른 부분은 있지만 전체적으로 잘못을 인정함(　　)

(3) 여러 개의 공소사실 중 일부만 인정함(　　　)

(4) 공소사실을 인정할 수 없음(○)

(5) 진술을 거부함(　　　)

나. 공소사실을 인정하지 않거나{1의 가. (3), (4) 중 어느 하나를 선택한 경우}, 사실과 다른 부분이 있다고 하는 경우{1의 가. (2)를

선택한 경우}, 그 이유를 구체적으로 밝혀 주시기 바랍니다.

○ 협박부분

공소사실에 의하면 그와 같이 피고인이 피해자에게 내용증명을 보내면서 손해를 입었으니 이를 배상하지 않으면 피해자의 신상에 위해를 가할 듯한 태도를 보이므로서 이로 인하여 피해자로 하여금 외포되게 하였다는데 있습니다.

○ 폭행부분

피고인이 피해자에게 상해를 가한 사실에 대하여 처벌을 구하고 피고인이 피해자에게 욕설과 폭행에 대한 상해행위를 같이 처벌을 구하고 있습니다.

○ 절도부분

피고인이 위 프로젝터를 그의 자비로 구입하였다며 사업 참여를 파기하고 정산하는 단계에서 그 프로젝터에 대한 불법영득의 의사로 취거하였다면서 처벌을 구하고 있습니다.

○ 업무방해

피고인이 이사회를 소집하여 대표이사를 변경하고, 사무실 출입문의 자물쇠와 보안카드 등을 교체한 것은 당시 피해자가 잠적해 있는 상황이었기 때문에 회사를 운영해 나가기 위한 궁여지책이었으며, 자물쇠 등을 교체한 것은 사무실 재산보호 차원이었다는 취지로 주장하고 있으나 위와 같이 이사회를 개최하여 대표이사를 변경하고, 그 자물쇠 등을 교체한 행위는 위력을 행사하여 업무를 방해하였다고 처벌을 구하고 있습니다.

○ 사실관계

피고인은 피해자가 설립한 주식회사 ○○의 가맹점 업주이자 위 회사의 이사들로서 회사의 수익성이 높아지자 피해자와 그 매제인 한○선 이사 및 남○희 감사를 제외한 6명의 이사들을 몰아내고 회사의 경영권과 주주로서의 지배권을 탈취하기 위하여 수차례에 걸친 협박과 폭력행위를 일삼던 중 피해자가 정상적인 업무를 보고 있음에도 불구하고 본건 불법적인 이사회를 개최하여 피해자를 대표이사에서 해임하고 피고인을 대표이사인 양 선임하고 이를 기화로 위 회사의 사무실의 자물쇠와 보안카드를 바꿔버리고 피고인이 운영하던 학습지 사업체의 창고로 이용하면서 회사의 간판도 내리는 등 회사 및 피해자의 업무를 방해한 것이라고 주장하고 있습니다.

○ 법리오해

위력에 의한 업무방해죄가 성립하기 위해서는 '범인의 위세, 사람의 수 및 주위의 상황에 비추어 피해자의 자유의사를 제압하기에 족한 위력'이 존재하여야 하는바, 비록 피해자의 의사에 반하는 이사회가 개최되어 동 이사회에서 피고인이 대표이사로 선출되었고, 피고인의 의사에 기초하여 자물쇠와 보안카드가 교체된 사실이 인정되었다고 하더라도 사건 당일 피고인은 피해자에게도 이사회 개최 사실이 통보되었음에도 불구하고 피해자는 경영권을 뺏길 것을 염려하여 자발적으로 출석하지 않았던 것이고, 피고인이 위 이사회에서 새로운 대표이사로 선출된 후 이사회 참석이사 전원(6인)의 동의를 얻어 자물쇠 등을 교체하기로 결정하고, 열쇠수리업체 및 보안 관리업체에 연락하여 그 작업을 수행하였으며, 그 과정에서 피해자 측 직원인 조○관, 전○

미가 사장인 피해자의 의사를 확인한 후 열쇠를 교체해야 하지 않겠냐는 취지의 항의를 한 바 있으나, 피고인이 이제부터 내가 대표이사라며 위 전○미의 어깨를 몇 번 두드리는 정도로 항의를 묵살하고 일을 진행시킨 사실 등에 비추어 볼 때, 피해자의 자유의사를 제압하기에 족한 위력이 있었던 것으로 보기 힘들고, 반면 사건 당일 약 20여명의 집단이 임의로 사무실을 점거한 후 피해자 측 직원들을 내쫓았다는 피해자의 주장은 이를 인정할 만한 증거가 없으며, 오히려 열쇠교체 당시 위 회사의 이사진 7-8명가량이 있었을 뿐이고, 피고인이 피해자 측 직원인 위 조○관에게 휴가를 권유하였으나 동인이 이를 거부하자 없던 일로 하였고, 사태가 종결된 후에야 동인 스스로 자리를 이탈한 사실을 인정할 수 있으므로 또한 피해자가 잠적한 적이 없다는 피해자의 주장은 본건을 판단함에 있어 별다른 영향을 미치지 못하는 방론에 불과하다는데 있습니다.

○ 위력에 의한 업무방해죄

위력에 의한 업무방해죄에 있어서 업무를 '방해한다'고 함은 단지 업무의 집행 자체를 방해하는 것에 한하지 않고 널리 업무의 경영을 저해하는 것을 말하고 업무에 어떤 지장을 주거나 지장을 줄 위험을 발생케 하는 것으로서, 전혀 업무의 집행 또는 그 경영을 불능케 하거나 업무의 집행을 정지케 하거나 발전상의 장애를 주는 등 실제로 방해의 결과가 발생할 것을 필요로 하지 않고 그러한 위험만 발생하면 본죄는 성립한다고 볼 때 피고인은 피해자에 대한 자유의사를 제압하거나 혼란케 할 만한 일절의 세력도 없었고, 유형력 이든 무형력 이든 피해자를 상대로 압박 등을 한 사실이 전혀 없었습니다.

○ 이 사건에 이르게 된 배경과 피해자의 잠적

피해자는 애초에 ○○라는 아이디어로 개인 사업을 개시하여 피고인과 지역별 독점권자인 지역총판을 모집한 뒤, 그와 같은 개인사업체를 자신이 지배주주인 주식회사 ○○라는 상호로 법인화하고 유상증자를 하면서 피고인에게 그중 일부를 인수시키고 (대금은 일부만 지급받음), 이사의 직책을 주었으며, 주식회사 ○○는 어느 정도의 사업이 영위되어 일정기간 상당액의 부가세가 부과되었습니다.

한편, 피고인은 이 사건 직전에 이사직 사임 또는 총판권회수와 관련된 특별공로수당 내지 주식의 추가교부 또는 주식환매대금 문제를 놓고 분쟁이 발생하여 피해자 또는 그의 사실상의 처 ○○○을 상대로 피고인이 14억 원 또는 24억 원 상당의 손해배상을 요구하는 내용증명을 보낸 바 있습니다.

이 사건 직후에 피고인은 피해자를 상대로 사기 등의 혐의로 고소하고, 주식환매대금을 피보전권리 또는 청구원인으로 한 보전처분 및 민사소송을 제기하였으나, 결국은 무혐의결정 내지 가압류이의사건과 민사소송의 패소로 그 목적을 달성하지 못한 바 있습니다.

이와 같은 일련의 분쟁상황, 특히 피고인이 피해자와 그의 사실상의 처에 대한 다수의 폭력을 행사하여 피해자와 피고인사이의 접촉이 매우 뜸하게 된 상황 하에 이 사건 이사회가 개최된 것이며 피고인은 피해자에게 당일 날 이사회 개최사실을 전화로 통보할 수 있었고 그밖에도 피해자는 이 회사 및 피해자와 우호적인 임직원과는 계속적인 소통이 되고 있었고, 이 사건 업무방해사건이 발생한 직후인 같은 해 9. 3.과 이 사건 절도사건이 발생한 직후인 같은 해 9. 5. 두 차례에 걸쳐 피해자가 이 사무실에 있었습니다.

○ 정당한 업무행위로 볼 수 있는지

○○○○. ○○. ○○. 이사회는 정관이나 상법에 정하여진 개최 1
주일 전에 각 이사 및 감사에 대하여 통지를 발송하고 정당한 소집
절차를 거쳤으나 피해자만이 참석하지 않았던 것이고 피해자를 대
표이사에서 해임하고 피고인이 대표이사로 선출되었으며 이사회
종료 후 피고인이 대표이사로 선임된 후 자물쇠와 보안카드 등을
교체한 뒤 위 사무실을 학습지 사무실로 사용하였던 것입니다.

후일 피해자는 이사회소집통보를 받고 이사회는 무효라고 항의
하였으며, 사무실 CCTV 녹화테이프에 임시이사회에서 장면이 고
스란히 녹화되어 있습니다.

○ 위력에 의한 업무방해죄의 성부

적법한 대표이사로 선출된 피고인이 회사 사무실의 자물쇠와 보
안카드를 변경한 행위 자체가 본건 범죄구성요건을 충족되지 않
습니다.

자물쇠와 보안카드를 교체한 것은 대표권이 변경되었기 때문에
피해자 등이 사무실을 무단으로 출입할 수 없게 하기 위한 합법
적인 절차에 따른 것입니다.

피해자는 경찰피의자신문 시에 사무실 출입문을 자물쇠와 보안
카드를 교체하여 출입을 저지당하고 피해자의 물건을 가져가지
못하도록 방해했다고 주장하고 있으나 연락도 되지 않고 행방불
명된 피해자가 돌아와서 회사재산을 팔아치울 수도 있고, 빼돌
릴 수도 있기 때문에 어쩔 수 없는 합법적인 조치였습니다.

또한 피고인은 피해자와 그의 가족들에게 비품이 필요할 경우 언제든지 와서 가져가라고도 연락을 취해 놓고 있었기 때문에 피해자의 자유의사를 제압하기에 족한 위력에 의하여 업무방해를 하였다고 볼 여지가 전혀 없습니다.

자물쇠 및 보안카드를 교체하는 과정에서도 어떠한 물리적인 폭력이나 강제력 또한 전혀 없었습니다.

2. 절차진행에 대한 의견

가. 이 사건 이외에 현재 재판진행 중이거나 수사 중인 다른 사건이 있다면, 해당 수사기관이나 법원과 그 사건명, 당사자 명을 기재하여 주시기 바랍니다.

○ 없습니다.

나. 이 사건 재판을 진행하기 전에 법원에 이야기하고 싶은 특별한 사정이 있습니까?

○ 피고인은 하늘이 두 쪽이 난다하더라도 법을 위반하지 않았습니다.

요즘이 어떤 세상인데 빼앗는다고 회사를 빼앗을 수 없습니다.
피고인은 정상적인 절차를 거치고 합법적으로 임시주주총회를 거쳐 대표이사로 선출되었고 전임 대표이사인 피해자가 회사에 대한 막대한 손실을 끼쳤는데 물품 등을 마음대로 가지고 갈 수 있는 상황에서 이사들의 의결을 거친 후 사무실의 열쇠를 교체한 것이지 피해자의 업무를 방해한 사실은 추호도 없습니다.

공소사실에 의하면 피고인이 사건 회사의 경영권을 장악하고 있었고 그것이 적법한 경우에도 마찬가지라고 할 것인바, 가사 피고인이 적법한 대표이사라고 하더라도 그 매각을 헐값으로 하였거나, 또는 실제로 매각을 하지 아니한 채 회사와 무관하게 이를 이용하였다면 배임죄 또는 횡령의 죄가 성립할 가능성이 매우 높고, 그 매각대금을 회사와 무관하게 사용하였다면 역시 횡령죄가 성립한다고 주장하고 있습니다.

한편, 피고인이 절차나 내용에 비추어 전혀 하자 없는 소집절차에 의하여 대표이사에 선출된 것이므로 합법적인 의결을 통하여 회사재산의 처분을 한 것으로서 아무런 문제가 없습니다.

피고인은 이미 불법영득의사를 부정하기 위해서 매각 여부, 매각조건, 매각 대금의 사용처에 대한 입증자료를 충분히 납득할 만한 해명을 하였습니다.

다. 이 사건 재판의 절차 진행에 있어, 법원에서 참작해 주기를 바라는 사항이 있으면, 구체적으로 밝혀 주시기 바랍니다.

○ 본건 공소사실에 대한 검찰제출의 증거사용에 동의할 수 없습니다.

3. 성행 및 환경에 관한 의견

가. 가족관계

(1) 가족사항 (사실상의 부부나 자녀도 기재하며 중한 질병 또는 장애가 있는 등 특별한 사정은 비고란에 기재)

관계	성 명	나이	학력	직업	동거여부	비 고
본인	○○○	36	대졸	○○○	○	
부	○○○	64	고졸	자영업	○	
모	○○○	66	고졸	주부	○	
제	○○○	27	학생	대학생	○	

○ 피고인이 살고 있는 27평형 아파트는 방이 2개인데 아버지 어머니께서 안방을 사용하시고 하나는 피고인이 사용하고 있습니다.

(2) 주거사항

자가 소유(시가 :   정도)

전세(보증금 :   원,   원)

월세(보증금 :   원)

기타(무상거주 : 아버지 소유의 약 2억 5,000만원 상당의 아파트에서 무상으로 거주하고 있습니다)

(3) 가족의 수입

○ 피고인의 아버님께서 자영업을 하시고 벌어들이는 수입은 월평균 400여만 원과 피고인의 급료로 지급받는 월 약 350

여만 원의 수입과 총 750만원의 소득이 있습니다.

나. 피고인의 학력·직업 및 경력

　(1) 피고인의 학력

　　○ 피고인은 ○○○○. ○○.경 ○○시 ○○구 ○○에 있는 ○
　　○초등학교를 졸업했습니다.

　　○ 피고인은 ○○○○. ○○.경 ○○시 ○○구 소재에 있는 ○
　　○중학교를 졸업했습니다.

　　○ 피고인은 ○○○○. ○○.경 ○○시 ○○구 소재에 있는 ○
　　○고등학교를 졸업했습니다.

　　○ 피고인은 ○○○○. ○○.경 ○○시에 있는 ○○대학교를
　　체육학과를 졸업하였습니다.

　(2) 과거의 직업, 경력

　　○ 피고인은 ○○○○. ○○. ○○.부터 ○○○○. ○○. ○
　　○.까지 공군에 입대하여 복무하고 만기 제대했습니다.

　　○ 피고인은 ○○○○. ○○.부터 현재까지 주식회사 그린○○
　　를 설립해 운영하고 있습니다.

　(3) 현재의 직업 및 월수입, 생계유지 방법

　　○ 피고인은 주식회사 그린○○을 설립하여 운영하고 있으며

피고인이 지급받는 급료와 아버지께서 자영업으로 얻는 수입으로 전 가족이 생계를 유지하고 있습니다.

(4) 향후 취직을 하거나 직업을 바꿀 계획 유무 및 그 내용, 자격증 등 소지 여부

○ 피고인으로서는 설립한 회사의 운영을 위하여 최선을 다하려는 생각에는 변함이 없습니다.

다. 성장과정 및 생활환경 (부모나 형제와의 관계, 본인의 결혼생활, 학교생활, 교우관계, 성장환경, 취미, 특기, 과거의 선행 등을 기재)

○ 피고인의 성격은 차분하면서도 활발하며 항상 남에게 베풀고 싶은 성격을 가지고 있습니다.

○ 힘든 분들을 위해 봉사한다는 생각으로 매사 적극적으로 추진해 내려는 성격도 함께 지니고 있습니다.

○ 특히 주변 분들과 운동을 하는 등 건강은 양호하고 학교생활에서도 친구들과 정말 사이좋게 지내는 친구들이 주변에 정말 많이 있고 지금도 우리 친구들을 자주 만나고 좋은 교류를 하고 있습니다.

○ 피고인은 틈틈이 봉사활동을 해오고 있고 작은 금액이지만 성의껏 소외계층을 위해 꾸준히 기부 하려고 노력하고 있습니다.

라. 피고인 자신이 생각하는 자기의 성격과 장·단점

○ 피고인은 차분한 성격을 지니고 매사에 적극적인 의지를 가지고

있습니다.

4. 정상에 관한 의견(공소사실을 인정하지 않는 경우 기재하지 않아도 됨)

　　가. 범행을 한 이유

　　　　○ 피고인으로서는 피해자와의 경영권분쟁으로 다소 간의 마찰은
　　　　　 있었으나 합법적인 절차에 의하여 경영권을 취득하였던 것이지
　　　　　 추호도 피해자의 주장과 같은 불법행위는 없었다고 자부할 수
　　　　　 있습니다.

　　　　○ 추호도 피고인이 법에 저촉되는 행동은 하지 않았습니다.

　　　　○ 하늘에 맹세코 피해자의 주장과 같은 범법행위를 하지 않았습니다.

　　나. 피해자와의 관계

　　　　○ 없습니다.

　　다. 합의 여부 (미합의인 경우 합의 전망, 합의를 위한 노력 및 진행상황)

　　　　○ 없습니다.

　　　　○ 피고인으로 하여금 피해가 발생된 것이 있다면 응당 그에 대한
　　　　　 피해복구를 할 생각을 가지고 있습니다.

　　　　○ 그러나 피고인이 피해자에게 피해를 입힌 것이 없습니다.

라. 범행 후 피고인의 생활

　　○ 피고인은 현재 이 시간에도 설립한 회사를 위하여 봉사한다는
　　　자세로 열심히 일하고 있습니다.

마. 현재 질병이나 신체장애 여부

　　○ 건강은 양호한 편입니다.

바. 억울하다고 생각되는 사정이나 애로사항

　　○ 피해자가 경영일선에서 물러나게 된 것이 마치 피고인 때문인
　　　것으로 앙심을 품고 누명을 씌운 것에 불과하다고 생각하고 있
　　　습니다.

　　○ 피고인은 평소에 얌전한 사람입니다.

　　○ 피고인이 잘했다는 것은 아니지만 경영권회복으로 인하여 적지
　　　않은 회사의 이미지실추에 매진하고 누명을 벗었으면 하는 마음
　　　간절합니다.

사. 그 외형을 정함에 있어서 고려할 사항

　　○ 피고인은 피해자를 상대로 한 치도 부끄러운 짓을 하지 않았고
　　　불법행위를 하지 않았는데 경영권을 빼앗긴 것으로 오해하고 앙
　　　심을 품고 피고인에게 일방적으로 폭행 등을 당한 것으로 주장

하고 있으나 그 어디에도 증거도 없이 누명을 씌운 것이므로 피고인에게 무죄를 선고해 주시고 피고인에 대한 억울한 누명을 벗겨주시기 바랍니다.

○ 이 사건 공소사실은 합리적인 의심을 넘어 수사가 제대로 이루어지지 않아 입증이 전혀 되지 않았음에도 불구하고 피고인을 폭력행위 등의 죄를 범한 것으로 사실관계를 오인한 것이므로 피고인에게 무죄의 판결을 내려주실 것을 부탁드립니다.

○ 피고인의 경우에는 아무런 범죄전력이 없습니다.

○ 피고인은 전혀 피해자를 상대로 범죄행위를 하지 않았습니다.

5. 양형을 위하여 조사해 주기를 바라는 사항

가. 피고인의 부모, 형제, 친척, 친구 등 양형조사를 해주기 바라는 사람의 이름과 연락처를 구체적으로 기재

○ 없습니다.

나. 피고인의 양형을 위하여 유리한 문서, 서류 기타 관련 증거 등에 관하여 구체적으로(소재지 등) 기재

○ 없습니다.

6. 법원조사관의 면담을 원하는지 여부

법원조사관을 면담하여 양형에 관한 사실 및 의견에 관하여 도움을 받고 싶은가요?

(1) 원한다(   )

(2) 원하지 않는다(○)

(3) 기타(   )

○○○○ 년 ○○ 월 ○○ 일

위 피고인 : ○   ○   ○   (인)

광주지방법원 형사 제5단독 귀중

의　　견　　서

사　　　건 : ○○○○고단○○○○호　　공무집행방해

피　고　인 : ○　　　　○　　　　○

청주지방법원 형사 제3단독 귀중

의 견 서

사   건 : ○○○○고단○○○○호   공무집행방해

피 고 인 : ○   ○   ○

이 의견서는 피고인의 진술권 보장과 공판절차의 원활한 진행을 위하여 제출하도록 하는 것입니다. 피고인은 다음 사항을 기재하여 이 양식을 송부 받은 날로부터 **7일 이내에** 법원에 제출하시기 바랍니다. 진술을 거부하는 경우에는 진술을 거부한다는 내용을 기재하여 제출할 수 있습니다.

이 의견서는 피고인에 대한 양형자료로 사용될 수 있으니 양형에 참작할 유리한 내용이 있는 경우 빠짐없이 기재해 주시기 바랍니다.

1. 공소사실에 대한 의견

가. 공소사실의 인정 여부

  (1) 공소사실을 모두 인정함(   )
  (2) 세부적으로 약간 다른 부분은 있지만 전체적으로 잘못을 인정함(○)
  (3) 여러 개의 공소사실 중 일부만 인정함(   )
  (4) 공소사실을 인정할 수 없음(   )
  (5) 진술을 거부함(   )

나. 공소사실을 인정하지 않거나{1의 가. (3), (4) 중 어느 하나를 선

택한 경우}, 사실과 다른 부분이 있다고 하는 경우{1의 가. (2)를 선택한 경우}, 그 이유를 구체적으로 밝혀 주시기 바랍니다.

○ 피고인은 여자로서 평소에도 술을 잘 못 먹는 편이지만 술을 조금만 마셔도 저 자신을 컨트롤하기 힘들어지는 상황으로 이어져 마구 우는 버릇이 있습니다. 이 사건 범행 당일에도 귀가한 기억은 전혀 생각나지 않지만 그 이후의 범행 또한 대부분 기억에 나지 않습니다.

○ 수사기관에서도 조사를 받는 과정에서 CCTV를 보고서야 비로소 알게 된 일이지만 길을 가는데 모르는 사람이 다가와 담배 있으면 달라고 해서 저는 담배를 피우지 않는다고 하자 피고인이 기억하기로는 무슨 욕설을 한 것으로 들었습니다.

○ 이렇게 시비가 되어 옥신각신 하는 과정에서 누군가가 112신고를 하였고 출동한 경찰관에게 담배 달라고 시비를 붙은 사람이 그런 사실이 없다고 거짓말을 하고 마치 피고인을 불량한 여자 깡패취급을 하는 것 같아서 항변하는데 느닷없이 출동한 경찰관이 피고인만 유독 지구대로 연행하겠다며 팔을 잡아 끌어당기는 바람에 뿌리친 사실밖에 없었는데 그 경찰관의 진술에 의하면 피고인이 의도적으로 공무집행을 방해하면서 충동한 경찰관의 손목을 손톱으로 꼬집어 상해를 입혔다는데 있습니다.

○ 이유여하는 막론하고 여자인 피고인이 술을 먹었다는 것도 창피하고 부끄러운 일입니다.

이점에 대해서는 입이 열 개라도 할 말이 없습니다.
죄송하게 생각합니다.

그러나 결코 출동하신 경찰관아저씨를 손톱으로 꼬집거나 공무집행을 방해한 사실은 없습니다.

부모님의 이름을 걸고 하늘에 맹세하지만 추호도 경찰관을 폭행한 사실은 없습니다.

일이 이렇게까지 된 이상 부인하고 사정한다고 해서 달라질 것도 없겠지만 아닌 것은 아니고 사실이 아닌 것은 누명을 벗어야겠다는 생각밖에 없습니다.

○ 이때만 해도 피고인은 마시지도 못하는 술을 많이 마신 상태에서 일어난 일이고 그 충동한 경찰관아저씨는 긴팔을 입고 있었는데 술에 취한 야간 여자의 몸으로 설사 꼬집었다손 치더라도 상처가 날 리가 없었을 텐데 꼬집어서 상처가 났다는 주장은 모순된 점이 있습니다.

○ 또 출동한 경찰관이 아무리 술에 취했다하더라도 피고인에게 시비를 상대방이 먼저 붙었으면 공평하게 처리하려했다면 이런 일도 없었을 텐데 그 경찰관은 피고인에게 이유를 들어보지도 않고 무조건 만취한 피고인만 탓하고 지구대로 마치 현행범인양 팔을 잡아끌고 가려고 해서 피고인으로서는 피고인의 팔을 잡아끈 경찰관아저씨의 팔을 연행되지 않으려고 뿌리친 것뿐입니다.

○ 피고인으로서는 여자로서 이기지도 못하는 술을 많이 마신 상태라 심신이 미약한 상태에서 생긴 것이 마치 의도적으로 범행을 저지른 것으로 오해를 불러일으킨 부분을 솔직하게 재판장님께 진술하고 잘못되어진 공소사실만이라도 바로잡았으면 하는 마음이 간절하지만 자칫 잘못하면 재판장님께 범행을 부인하는 것으로 비춰질까봐 간단하게 생각나는 대로 사건의 범행동기를 말씀

드렸습니다.

○ 그러나 이 사건의 발단은 여자에게 담배를 달라고 시비를 붙고 원인제공을 한데서부터 비롯되었지만 출동한 경찰관 역시 오해를 소지를 가지고 피고인만 유독 연행하려고 피고인의 팔을 잡아 끈 잘못으로 인하여 피고인이 뿌리치면서 일어난 것이므로 정상 참작해 주실 것을 간곡히 호소합니다.

2. 절차진행에 대한 의견

가. 이 사건 이외에 현재 재판진행 중이거나 수사 중인 다른 사건이 있다면, 해당 수사기관이나 법원과 그 사건명, 당사자 명을 기재하여 주시기 바랍니다.

○ 없습니다.

나. 이 사건 재판을 진행하기 전에 법원에 이야기하고 싶은 특별한 사정이 있습니까?

○ 피고인은 술을 잘 못 먹는다는데 있습니다.

술을 조금만 마셔도 사람들에게 전화하고 저 자신을 컨트롤하기엔 힘들어지고 그 후부터는 막 울고, 불고 물건을 막 떨어뜨리는 등 정신을 못 차립니다.

○ 이제는 술을 안 먹겠다고 작정했습니다.

술을 끊는다는 것은 저의 정신건강에도 유익하기 때문에 이참에 술을 끊기로 작심했습니다.

○ 사고 당일에도 아무런 일이 생기지 않을 수 있었는데 지금 생각하면 모두가 제 탓인 것 같습니다.

물론 상대방이 담배를 달라고 시비를 붙었어도 모르는 채 지나갔으면 좋았을 텐데 그만 대취한 피고인이 어디에서 그런 용기가 나서인지 이런 일까지 자초하여 속죄하고 있습니다.

다. 이 사건 재판의 절차 진행에 있어, 법원에서 참작해 주기를 바라는 사항이 있으면, 구체적으로 밝혀 주시기 바랍니다.

○ 본건 공소사실에 대하여 검찰제출의 증거사용에 동의하겠습니다.

3. 성행 및 환경에 관한 의견

가. 가족관계

(1) 가족사항 (사실상의 부부나 자녀도 기재하며 중한 질병 또는 장애가 있는 등 특별한 사정은 비고란에 기재)

관계	성 명	나이	학력	직업	동거여부	비 고
본인	○○○	37	대졸	무직	○	
부	○○○	65	대졸	농업	○	
오빠	○○○	40	대졸	연구원		

○ 피고인의 오빠 ○○○은 결혼한 후부터는 피고인의 가족과

는 인연을 끊고 사실상 부모님과 피고인만 현재 농가주택에서 살고 있습니다.

(2) 주거사항

자가 소유(시가 :   정도)

전세(보증금 :   원,   원)

월세(보증금 :   원)

기타(무상거주 : 부모님 소유의 농가주택에서 무상거주)

(3) 가족의 수입

○ 피고인의 아버님께서 농사일을 하시고 벌어들이는 수입이 계절마다 약간씩 다르지만 월 약 100여만 원의 수입이 있습니다.

나. 피고인의 학력·직업 및 경력

(1) 피고인의 학력

○ 피고인은 1993. 2.경 충청북도 청원에 있는 ○○초등학교를 졸업했습니다.

○ 피고인은 1996. 2.경 충청북도 보은에 있는 ○○여자중학교를 졸업했습니다.

○ 피고인은 1999, 2.경 충청북도 청주시에 있는 ○○여자고등
학교를 졸업했습니다.

○ 피고인은 2002. 3.경 충청북도 청주에 있는 ○○대학교를
졸업하였습니다.

(2) 과거의 직업, 경력

○ 피고인은 2001. 10.부터 2003. 3.까지 청주시 상당구 ○○
동 소재 주식회사 ○○실업에서 근무.

○ 피고인은 2004. 8.부터 2012. 12.까지 충청북도 충주시 소
재에 있는 ○○건설 주식회사에 근무.

○ 피고인은 2013. 9.부터 2015. 8. 청주시 청원구에 소재하는
그○○화장품대리점 운영.

○ 현재는 시골에서 부모님의 농사일을 돕고 있습니다.

(3) 현재의 직업 및 월수입, 생계유지 방법

○ 피고인은 무직으로 시골에서 부모님의 농사일을 돕고 있으
며, 부모님께서 농사일로 얻는 수입 월 100여만 원의 수입
으로 전 가족이 생계를 유지하고 있습니다.

(4) 향후 취직을 하거나 직업을 바꿀 계획 유무 및 그 내용, 자격
증 등 소지 여부

○ 아버님께서 여러 번의 대형수술을 받으시느라 가정형편이
매우 어려운 형편에서 피고인은 전공을 되살려 하루속히 취

업을 하려고 가진 노력을 다하고 있습니다.

○ 머지않아 취업이 될 것으로 확신하지만 피고인으로서는 전공을 살릴 수 있는 ○○에만 열중하려고 합니다.

다. 성장과정 및 생활환경 (부모나 형제와의 관계, 본인의 결혼생활, 학교생활, 교우관계, 성장환경, 취미, 특기, 과거의 선행 등을 기재)

○ 피고인의 성격은 차분하면서도 활발하며 항상 남에게 베풀고 싶은 성격을 가지고 있습니다.

○ 힘든 분들을 위해 봉사한다는 생각으로 매사 적극적으로 추진해 내려는 성격도 함께 지니고 있습니다.

○ 특히 주변 분들과 운동을 하는 등 건강은 양호하고 학교생활에서도 친구들과 정말 사이좋게 지내는 친구들이 주변에 상당히 많고 지금도 우리 친구들을 자주 만나고 좋은 교류를 하고 있습니다.

○ 피고인은 틈틈이 봉사활동을 해오고 있고 작은 금액이지만 성의껏 소외계층을 위해 꾸준히 기부 하려고 노력하고 있습니다.

라. 피고인 자신이 생각하는 자기의 성격과 장·단점

○ 피고인은 여자이지만 차분한 성격을 지니고 매사에 적극적인 의지를 가지고 있습니다.

4. 정상에 관한 의견(공소사실을 인정하지 않는 경우 기재하 지 않아도 됨)

가. 범행을 한 이유

○ 피고인은 친구들과 어울려 마시지도 못하는 술을 많이 마신 상 태로 귀가하려고 걸어가고 있었는데 전혀 알지도 못하는 남자분 이 다가와 피고인에게 피우지도 않는 담배를 하나 달라고 해서 담배를 피우지 않는다고 답하자 그 남자분이 괜히 시비를 붙고 욕설을 하는 바람에 시비가 되어 옥신각신 하는 과정에서 누군 가가 112신고를 하였고 출동한 경찰관에게 담배 달라고 시비를 붙은 사람이 그런 사실이 없다며 거짓말을 하고 마치 피고인이 불량한 여자깡패취급을 하는 것 같아서 항변하자 느닷없이 출동 한 경찰관이 피고인만 유독 지구대로 연행하겠다며 팔을 잡아 끌어당기는 바람에 뿌리친 사실밖에 없었는데 그 경찰관은 피고 인이 의도적으로 공무집행을 방해하고 경찰관의 손목을 손톱으 로 꼬집어 상해를 입혔다는데 있습니다.

○ 피고인으로서는 결코 경찰관에게 폭행을 가하거나 공무집행에 항거하거나 폭력을 행사한 사실은 없습니다.

나. 피해자와의 관계

○ 전혀 모르는 분들이십니다.

다. 합의 여부 (미합의인 경우 합의 전망, 합의를 위한 노력 및 진행상황)

○ 없습니다.

○ 피해자가 있다면 응당 그에 대한 피해복구를 할 생각을 당연히

가지고 있습니다.

라. 범행 후 피고인의 생활

○ 피고인은 현재 시골에서 농사일을 하시는 부모님을 돕고 있고, 여기저기에 전공을 살려 취업하기 위해 열심히 노력하고 있습니다.

마. 현재 질병이나 신체장애 여부

○ 건강은 양호한 편입니다.

바. 억울하다고 생각되는 사정이나 애로사항

○ 피고인은 대취한 상태에서 일어난 일지만 여자가 그 것도 만취 상태에 이런 일을 저지른데 대해서는 입이 열 개라도 할 말이 없습니다.

○ 만취상태로 자기 자신의 몸도 제대로 가누지도 못하는 피고인이 이에 편승하여 공무집행을 방해하고 나아가서는 경찰관을 손톱으로 상처를 냈다는 것은 피고인으로서는 상상할 수 없는 일이며 피고인은 강제적으로 연행하려는데 저지하기 위해서 뿌리친 것 밖에 없는데 만취한 사람을 공무집행방해 혐의로 몰아붙이며 마치 큰 범죄자로 낙인을 찍는 것은 정말 억울하게 생각합니다.

○ 피고인은 평소에 얌전한 숙녀입니다.
술을 너무나 많이 먹어 몸도 제대로 가누지도 못하는 여자인 저에게 흉악범으로 몰아붙이는 현실이 너무나 야속합니다.

○ 피고인이 잘했다는 것은 아니지만 만취상태에서 심신이 미약한 여성에게 이렇게 가혹한 처벌의 잣대를 들이대는 것은 정말 억울합니다.

사. 그 외형을 정함에 있어서 고려할 사항

○ 본건의 경우 피고인은 여성으로 범행 당시 만취되어 심신미약 상태에서 그 정도가 현저히 약하다 할 것이고, 현재까지의 재판 실무상 본건과 유사한 수위의 동종 사안에서 그 형 종을 벌금형으로 선택하여 온 것에 비추어 피고인에게도 그 형 종으로 벌금형으로 선택하여 주실 것을 간곡히 호소합니다.

○ 또한 오늘날 공무집행에 대한 엄벌추세 등에 비추어 피고인에게는 범죄경력이 전혀 없고, 아직 젊은 나이에 곧 혼인을 앞두고 있는 여성으로서의 피고인에게 사회생활을 영위함에 있어 상당히 무거운 족쇄로 작용할 것이 자명한바, 한 순간의 실수를 행한 피고인에게 다시 한 번의 기회를 주신다는 의미에서 이번에 한하여 선고유예의 선처를 허락하여 주실 것을 아울러 간곡히 호소합니다.

○ 피고인의 경우에는 아무런 범죄전력이 없습니다.

○ 피고인에게는 재범위험성보다는 개선가능성이 현저히 높습니다.

○ 술기운에 취해 우발적으로 이뤄졌던 것입니다.

○ 혼인을 앞두고 있는 여성으로서의 피고인에게는 사회생활에 있어 사형선고를 내리는 것과 같습니다.

○ 피고인은 깊이 반성하고, 문제가 된다는 술까지 아예 끊겠다는 점 등을 감안하셔서 귀원께서 이상의 사정을 종합하여 법이 허용하는 범위 내에서 최대한의 선처와 관용을 베풀어 주실 것을 간곡히 부탁드립니다.

5. 양형을 위하여 조사해 주기를 바라는 사항

　가. 피고인의 부모, 형제, 친척, 친구 등 양형조사를 해주기 바라는 사람의 이름과 연락처를 구체적으로 기재

　　○ 없습니다.

　나. 피고인의 양형을 위하여 유리한 문서, 서류 기타 관련 증거 등에 관하여 구체적으로(소재지 등) 기재

　　○ 없습니다.

6. 법원조사관의 면담을 원하는지 여부

　법원조사관을 면담하여 양형에 관한 사실 및 의견에 관하여 도움을 받고 싶은가요?

　(1) 원한다(　　)

　(2) 원하지 않는다(○)

　(3) 기타(　　)

○○○○ 년 ○○ 월 ○○ 일

위 피고인 : ○ ○ ○ (인)

청주지방법원 형사 제3단독 귀중

의 견 서

사 건 : ○○○○고단○○○○호 특정경제범죄가중처벌등에
관한법률위반(위험운전
치상) 등

피 고 인 : ○ ○ ○

군산지원 형사 제2단독 귀중

의　　　　견　　　　서

사　　　　건 : ○○○○고단○○○○호　특정경제범죄가중처벌등에관한
　　　　　　　　　　　　　　　　　　　법률위반(위험운전 치상) 등

피 고 인 : ○　　　　○　　　　○

이 의견서는 피고인의 진술권 보장과 공판절차의 원활한 진행을 위하여 제출하
도록 하는 것입니다. 피고인은 다음 사항을 기재하여 이 양식을 송부 받은 날
로부터 7일 이내에 법원에 제출하시기 바랍니다. 진술을 거부하는 경우에는 진
술을 거부한다는 내용을 기재하여 제출할 수 있습니다.

이 의견서는 피고인에 대한 양형자료로 사용될 수 있으니 양형에 참작할 유리
한 내용이 있는 경우 빠짐없이 기재해 주시기 바랍니다.

1. 공소사실에 대한 의견

　　가. 공소사실의 인정 여부

　　　　　(1) 공소사실을 모두 인정함(○)
　　　　　(2) 세부적으로 약간 다른 부분은 있지만 전체적으로 잘못을 인정
　　　　　　　함(　　)
　　　　　(3) 여러 개의 공소사실 중 일부만 인정함(　　)
　　　　　(4) 공소사실을 인정할 수 없음(　　)
　　　　　(5) 진술을 거부함(　　)

나. 공소사실을 인정하지 않거나{1의 가. (3), (4) 중 어느 하나를 선택한 경우}, 사실과 다른 부분이 있다고 하는 경우{1의 가. (2)를 선택한 경우}, 그 이유를 구체적으로 밝혀 주시기 바랍니다.

피고인은 이 사건 공소사실은 모두 인정하고 또한 깊이 뉘우치고 뼈저리게 반성하고 있습니다.

다만, 피고인은 사고 당일 다니는 직장에서 청주시 흥덕구 ○○로 소재의 갈매기살 고기 집에서 퇴근 후인 오후 6시 30분경 회식하는 자리에서 약 8시까지 술을 마신 상태에서 피고인은 음주운전을 피하려고 평소 자주 가던 볼링장에서 지인들과 어울려 11시 30여분까지 시간을 보대다가 이 정도의 시간이 흘렀기 때문에 운전을 해도 괜찮겠다는 착오에 의하여 이번과 같은 사고를 낸 것에 대하여 사죄의 말씀부터 드리겠습니다.

이유여하를 불문하고 술을 먹고 해서는 아니 되는 음주운전을 하고 그것도 사람까지 다치게 한데 대해서는 피해자께 죄송하고 부모님께 죄송스러워 얼굴을 들지 못할 지경입니다.

정말 있을 수 없는 죄를 지고 말았습니다.

피고인이 저지른 잘못을 재판장님께서 보실 때 마치 변명으로 비춰질 수도 있겠지만 피고인으로서는 법원에서 난생처음으로 의견서를 써내라는 연락을 받고 그 자리에 쓰러져 한참동안 정신까지 잃었습니다.

판결을 내리시는 재판장님께서 보실 때는 피고인에 대한 음주운전의 적발과 사고의 경위에 대하여 진실이 허락하지 않는 억울한 부분이 있지만 괜히 따지는 것으로 오해를 사게 되면 판결결과에 큰 영향은 미치지나 않을까 하는 입장에서 조마조마한 심정으로 조금이라도 이해해 주셨으면 하는 마음으로 진실에 호소하겠습니다.

피고인의 범행으로 인하여 피해를 입으신 피해자께 진심으로 사죄의 말씀도 드렸습니다.

입이 열 개라도 제가 한 음주운전에 대해서 할 말은 없습니다.

당시 피고인으로서는 발뺌을 하거나 빠져나가려고 둘러대는 거짓말은 아닙니다만, 피고인은 사고 당일 회식 장소에서 술을 마셨지만 피고인은 평소에도 술을 많이 마시는 편이 아닌 반면 최소한 음주운전은 피하려는 생각으로 지인들과 회식장소의 근처에 있는 볼링장에서 상당한 시간을 보낸 후 이정도면 별문제가 없겠다는 착오를 일으켜 그만 운전을 하다가 일어난 사고라는 사실만은 분명하게 말씀올리고 또 드리고 싶습니다.

피고인으로서는 음주운전을 한 것은 맞습니다.

그러나 저의 음주운전이 의도적으로 음주운전을 한 것으로 비춰져 정말로 안타까울 뿐입니다.

피고인이 행한 음주후의 상황으로 볼 때 엄청난 시간도 흘렀고 이 정도면 피고인이 운전해도 아무런 문제가 없을 것으로 착오하여 일어난 일이지만 이 같은 일이 생기리란 전혀 생각하지 못했습니다.

아무것도 모르고 계시는 부모님을 생각하면 미안하고 죄송한 마음 때문에 지금도 눈앞을 가립니다.

택시기사로 일하시다 갑자기 뇌졸중으로 쓰러지신 아버지와 지금도 식당에 나가셔서 허드렛일도 마다하지 않으시는 우리 어머님을 생각하면 모두가 하루아침에 물거품이 되고만 느낌은 나이어린 피고인이 감당하기엔 너무나 가혹하고 견딜 수 없는 고통일 수밖에 없습니다.

피고인은 이번의 사고로 인하여 다니는 직장도 언제 어떻게 그만 둬야 할지 걱정이 이만저만이 아닙니다.

피고인이 다니는 직장은 우리 부모님께는 큰 행복이었는데 이 행복도 저의 실수로 물거품은 되지 않을까 걱정도 앞섭니다.

2. 절차진행에 대한 의견

　가. 이 사건 이외에 현재 재판진행 중이거나 수사 중인 다른 사건이 있다면, 해당 수사기관이나 법원과 그 사건명, 당사자 명을 기재하여 주시기 바랍니다.

　　없습니다.

　나. 이 사건 재판을 진행하기 전에 법원에 이야기하고 싶은 특별한 사정이 있습니까?

　　한순간의 착오로 인하여 돌이킬 수 없는 상황으로까지 전개되어 모든 삶을 고스란히 내려놓을지도 모른다는 생각에 한동안 실의에 빠져 있다가 제가 음주운전으로 사고를 낸 사실조차 까마득히 잊고 우리 부모님만 생각하고 정말 열심히 일만했습니다.

　　피고인에 대한 절박한 사정도 사정이지만 저의 실수로 고통을 받아야 할 부모님을 생각하면 그 걱정 때문에 밤잠을 이루지 못하고 재판장님 앞에서 재판받을 날자가 하루하루 앞으로 다가온다고 생각하면 다리가 후들후들 떨리고 눈앞이 캄캄하고 아무것도 보이지 않는 바람에 매일 직장에서도 정신을 멍하니 잃고 있습니다.

가장 걱정이 앞서는 것이 있다면 제가 직장에서 쫓겨나게 되면 우리 부모님은 누가 부양할지 인생낙오자가 되는 꿈을 꾸고 하물며 악몽까지 꿀 정도로 고통에 시달리고 있습니다.

재판장님께서 제가 인생낙오자가 되지 않게 한번만 도와주시면 감사하겠습니다.

이제 이런 악몽에서도 벗어나게 도와주시면 고맙겠습니다.

제가 열악한 한 가정의 가장으로 부모님을 모시고 열심히 살 수 있도록 기회를 주시면 다시는 이런 일이 없도록 하겠습니다.

술은 아예 먹지 않기로 작정했습니다.

한순간의 실수가 저에게나 온 가족의 소망을 한꺼번에 내려놓아야 하는 절박한 처지를 원망하면서 저는 아무것도 먹지 못하고 눈물로 지새우고 있습니다.

한번만 피고인을 용서해 주시면 다시는 법정에 서는 일 없도록 하겠습니다.

다 제가 잘못해서 일어난 일인데 절대 남을 탓할 일도 아니라고 생각하고 조금 일찍 일어나서 자전거를 이용하거나 버스를 타고 살아가려고 합니다.

술을 먹지 않겠다고 생각한 후 무엇보다도 마음까지 편해졌습니다.

앞으로는 절대로 법정에 서는 일 없도록 하겠습니다.

피고인에게 선처를 간곡히 호소합니다.

피고인에게 한 번만 더 기회를 주시면 정말 이런 일 생기지 않도록 하겠습니다.

다. 이 사건 재판의 절차 진행에 있어, 법원에서 참작해 주기를 바라는 사항이 있으면, 구체적으로 밝혀 주시기 바랍니다.

본건 공소사실에 대하여 검찰제출의 증거사용에 동의하겠습니다.

모두 인정하겠습니다.

3. 성행 및 환경에 관한 의견

가. 가족관계

(1) 가족사항 (사실상의 부부나 자녀도 기재하며 중한 질병 또는 장애가 있는 등 특별한 사정은 비고란에 기재)

관계	성 명	나이	학력	직업	동거여부	비 고
본인	○○○	27	전문대	사원	○	
부	○○○	58	고졸	택시기사	○	뇌졸중
모	○○○	57	고졸	미화원	○	불편함
누나	○ ○	29	대졸	취업준비	○	

(2) 주거사항

자가 소유(시가 :   정도)

전세(보증금 : 8,000만원, 대출금 3,000만원)

월세(보증금 :   원)

기타(무상거주 :   )

(3) 가족의 수입

현재는 아버지께서 뇌졸중으로 쓰러지신 후 피고인과 어머님께서 미화원으로 일하고 벌어오는 수입을 합하여 월평균 220만원으로 생활하고 있습니다.

나. 피고인의 학력·직업 및 경력

(1) 피고인의 학력

피고인은 ○○○○. ○○. ○○초등학교를 졸업했습니다.

피고인은 ○○○○. ○○. ○○중학교를 졸업했습니다.

피고인은 ○○○○. ○○. ○○고등학교를 졸업했습니다.

피고인은 ○○○○. ○○. ○○대학 자동차학과를 졸업하였습니다.

(2) 과거의 직업, 경력

피고인은 현재의 작장에서 열심히 일하고 있습니다.

(3) 현재의 직업 및 월수입, 생계유지 방법

피고인과 어머님께서 아파트 미화원으로 일하시고 얻는 월 220만 원 정도의 수입으로 아버님의 병원비와 대출의 이자를 지급하면서 정말 어렵게 생활하고 있습니다.

(4) 향후 취직을 하거나 직업을 바꿀 계획 유무 및 그 내용, 자격증 등 소지 여부

피고인으로서는 자동차 과를 졸업해 현재의 직장에서 설비예방보전을 담당하는 관계로 틈틈이 이 분야에 매진하기 위하여 열심히 공부하여 설비분야의 자격증을 취득하려고 목표를 세우고 열심히 노력하고 있습니다.

다. 성장과정 및 생활환경 (부모나 형제와의 관계, 본인의 결혼생활, 학교생활, 교우관계, 성장환경, 취미, 특기, 과거의 선행 등을 기재)

피고인의 성격은 차분하면서도 활발하며 항상 남에게 베풀고 싶은 성격을 가지고 있습니다.

힘든 분들을 위해 봉사한다는 생각으로 매사 적극적으로 추진해내려는 성격도 지니고 있습니다.

특히 주변 분들과 운동을 하는 등 건강은 양호하고 학교생활에서도 친구들과 정말 사이좋게 지내는 친구들이 주변에 많고 지금도 우리 친구들을 자주 만나고 있습니다.

피고인은 틈틈이 봉사활동을 해오고 있고 작은 금액이지만 성의껏 소외계층을 위해 꾸준히 기부도 하려고 노력하고 있습니다.

라. 피고인 자신이 생각하는 자기의 성격과 장·단점

피고인은 차분한 성격을 지니고 매사에 적극적인 의지를 가지고 있습니다.

4. 정상에 관한 의견(공소사실을 인정하지 않는 경우 기재하지 않아도 됨)

가. 범행을 한 이유

피고인은 사고 당일 직장동료들과 회식 겸 저녁식사를 하는 자리에서 술을 마신 후 회식이 끝날 무렵인 8시경부터 술이 깬 후에 운전할 요량으로 지인들과 근처 볼링장으로 자리를 옮겨 볼링장에서 장장 3시간 반 동안을 보냈기 때문에 이제 운전해도 별문제가 없을 것으로 생각하고 운전을 하다가 그만 이번과 같은 사고가 발생하였습니다.

피고인의 착오에 의한 운전으로 이번과 같은 사고가 발생한 것으로 피고인은 이유여하를 막론하고 자복하며 반성하고 있습니다.

이런 일이 생기고 보니 부모님과 누나 보기가 얼마나 미안한지 얼굴을 제대로 바라보지 못할 행동을 하고 말았습니다.

피고인은 뼈저리게 뉘우치고 반성하고 또 반성하고 있습니다.

나. 피해자와의 관계

모르는 분이 십니다.

다. 합의 여부 (미합의인 경우 합의 전망, 합의를 위한 노력 및 진행상황)

피고인으로서는 이 사건 사고발생이후 보험회사로 사고 적부한 후 모든 피해사항을 보험회사로부터 피해복구를 조치하였습니다.

피고인으로서도 피해자에게 피해회복을 위하여 보험회사에게 요청을 하는 등 최선을 다했습니다.

정중하게 사과의 말씀도 드렸습니다.

피고인으로서는 재판장님께서 조금만 시간을 주시면 피해자와의 합의를 반드시 성사시키겠습니다.

백번 천 번 사죄의 말씀은 드렸으나 경미한 사고였고 보험회사에서 모든 손해를 보상한 것으로 생각했기 때문에 피해자와 합의를 해야 할 생각은 하지 못하고 있다가 법원에서 보내온 의견서 내용에 합의에 관한 내용의 질문사항을 보고 새삼 느꼈습니다.

정말 죄송합니다.

라. 범행 후 피고인의 생활

피고인은 이 사건 범행의 잘못을 뉘우치고 위 범행을 자복하며, 우리 가족의 생계유지를 위해 열심히 직장생활에 최선을 다하고 있습니다.

혹시나 부모님께서 피고인에 대한 일을 아시고 쓰러지시면 어떻게 하나 하는 걱정이 앞서 늘 노심초사하고 있습니다.

저에 대한 잘못으로 숨소리도 부모님 앞에서는 죽이고 지내고 있습니다.

눈치만 보고 더 열심히 하고 있습니다.

마. 현재 질병이나 신체장애 여부

건강은 양호한 편입니다.

바. 억울하다고 생각되는 사정이나 애로사항

피고인은 잘못을 깊이 뉘우치고 반성하고 있는 점 들을 두루 살피시어 선처를 간곡히 호소합니다.

피고인이 음주후의 상당한 시간을 보내고 가급적이면 음주운전을 피하려고 노력을 했었는데 그만 이제는 괜찮겠다는 잘못된 착오에 사고로서 피고인은 많은 것을 깊이 뉘우치고 잘못을 반성하고 있습니다.

피고인은 이번의 사고에 대한 후유증도 크고 정신적으로도 많은 고통을 겪어야 하는 상황에서 존경하는 재판장님의 판결에 따라 피고인에게는 목숨이 달려있고 부모님도 편히 모실 수 있습니다.

법 이전에 한 인간을 불쌍히 여기고 자비로우신 우리 재판장님의 판결이 피고인으로 하여금 다시금 기회를 주시고 피고인의 장래를 위하여 늘 학수고대하시고 계시며 아파트 단지에서 미화원으로 허드렛일도 마다하지 않고 뒷바라지를 해주시는 우리 어머니께 격려와 위안이 될 것이라고 믿어 의심치 않습니다.

저는 재판장님의 소중한 뜻이 무엇인지를 되새기고 다시는 이런 일이 생기지 않도록 하겠습니다.

또한 피해자에게는 보험회사에서 부족함이 없도록 피해회복에 만전을 기하고 있는 것을 감안하시어 피고인에게 무거운 족쇄로 단죄할 것이 아니라 착오에 의하여 한 순간의 실수를 행한 피고인에게 다시 한 번의 기회를 주신다는 의미에서 이번에 한하여 다니는 직장에서도 아무런 탈이 생기지 않는 범위 내에서 선처를 허락하여 주실 것을 아울러 간곡히 호소합니다.

사. 그 외형을 정함에 있어서 고려할 사항

다시 한 번 피고인에 대한 선처를 호소합니다.

5. 양형을 위하여 조사해 주기를 바라는 사항

가. 피고인의 부모, 형제, 친척, 친구 등 양형조사를 해주기 바라는 사람의 이름과 연락처를 구체적으로 기재

없습니다.

나. 피고인의 양형을 위하여 유리한 문서, 서류 기타 관련 증거 등에 관하여 구체적으로(소재지 등) 기재

없습니다.

6. 법원조사관의 면담을 원하는지 여부

법원조사관을 면담하여 양형에 관한 사실 및 의견에 관하여 도움을 받고 싶은가요?

(1) 원한다(   )

(2) 원하지 않는다(○)

(3) 기타(   )

소명자료 및 첨부서류

1. 가족관계증명서   1통

○○○○ 년 ○○ 월 ○○ 일

위 피고인 : ○   ○   ○   (인)

군산지원 형사 제2단독 귀중

제2장
정식재판청구서

제1절 /

정식재판청구 절차 -

약식명령이 발하여진 경우, 그 재판에 불복이 있는 자가 법정기간 내에 통상의 공판절차에 의한 심판을 청구하는 소송행위를 가리켜 '정식재판청구' 라고 합니다.

검사가 고소사건이나 고발사건 또는 진정사건을 수리하여 수사한 결과 법원에 기소하는 경우 1) 피의자를 구속하여 정식재판청구를 하는 구속 구공판을 할 수 있고, 2) 피의자를 불구속하여 정식재판청구를 하는 불구속 구공판을 할 수 있고, 3) 피의자를 불구속하여 약식재판청구를 하는 불구속 구약식을 할 수 있습니다.

여기서 약식명령은 약식절차에 의하여 재산형을 과하는 특별한 형식의 재판을 말하는데 검사가 피의자를 불구속하여 약식재판청구를 하는 불구속 구약식입니다.

이러한 약식절차는 공판절차를 거치지 아니하고 원칙적으로 검사가 법원에 제출한 서면심리만으로 피고인에게 벌금이나 과료를 과하는 간이 한 형사절차를 말합니다.

법원에서 발한 약식명령에 불복이 있는 자는 약식명령을 송달받은 날부터 일주일(7일) 내에 정식재판을 청구할 수 있습니다.

정식재판을 청구할 수 있는 사람은 피고인 또는 검사입니다.

제2절 /

약식명령에 대하여,

　약식명령은 경미한 사안에 대하여 벌금이나 과료 등의 형을 과함으로써 단기자유형의 폐단을 방지할 수 있고, 뿐만 아니라 번잡한 공판절차를 거침으로서 파생되는 절차와 시일을 절약할 수 있는 제도를 '약식명령' 이라고 합니다.

　공개재판에 따르는 피고인의 사회적·심리적 부담을 덜어주고 공판정의 출석을 위한 불필요한 시간과 노력을 피할 수 있다는 점에서 피고인의 이익을 보호하기 위한 제도라고 할 수 있습니다.

　검사가 법원에 약식명령을 청구할 수 있는 사건은 지방법원의 관할에 속하는 사건으로서 벌금이나 과료에 처할 수 있는 사건입니다.

　벌금이나 과료에 처할 사건인 이상 지방법원의 관할에 속하는 사건이면 단독판사의 관할사건이건 합의부의 관할사건이건 불문하고 약식명령을 할 수 있습니다.

　이러한 약식명령의 청구는 검사가 공소제기와 동시에 서면으로 하여야 합니다.(형사소송법 제449조 참조)

　이를 약식명령 공소장이라고 하는 것입니다.

　실무상으로는 공소장에 약식명령 청구의 뜻을 부기되고 검사의 구형까지 기재된 특수한 서면을 이용하고 있습니다.

제3절 /

약식명령의 발령에 대하여 -

약식명령으로 과할 수 있는 형은 벌금·과료·몰수에 한정되고 (형사소송법 제448조 제1항 참조) 관할위반·공소기각·면소·무죄의 재판을 하는 것은 허용되지 않습니다.

약식명령에는 범죄사실, 적용법령, 주형, 부수처분과 약식명령의 고지를 받은 날로부터 7일 이내에 정식재판의 청구를 할 수 있음을 명시하고 범죄 사실은 별지로 첨부하게 되어 있습니다.

법원에서는 검사로부터 약식명령의 청구가 있은 날로부터 14일 이내에 약식명령을 하여야 합니다.

약식명령의 고지는 검사와 피고인에게 약식명령등본의 송달을 하여야 합니다.

약식절차에 의하여 발령하는 약식명령은 검사가 제출한 자료를 기초로 서면심리에 의하여 형을 선고하는 재판절차이므로 헌법에서 보장하고 있는 공정한 재판과 피고인의 신속한 공개재판을 받을 권리를 침해하는 것이 아닌가가 문제될 수 있으나 피고인에게 정식재판청구권이 인정하는 정식재판으로의 이행이 인정되고 있는 이상 합헌이라는 것에 대하여 이론이 없습니다.

특히 피고인은 정식재판청구를 포기할 수 없도록 하여 이를 뒷받침하고 있습니다. (형사소송법 제453조 제1항 단서 참조)

제4절 /

약식절차의 심리 -

약식절차에서는 서면심리를 원칙으로 하므로 피고인신문·증인신문·검증·감정 같은 증거조사 또는 압수·수색과 같은 강제처분은 원칙적으로 허용되지 않습니다.

피고인의 증거제출권도 인정되지 않습니다.

다만, 약식명령을 함에 필요하고 조사에 시일을 요하지 아니하며 약식절차의 본질을 해하지 않는 범위 내에서 적당한 방법에 의하여 수사기록에 첨부된 서류의 진위와 내용을 확인하는 등의 간단한 사실조사를 하는 것은 허용되고 있습니다.

약식절차에서도 형사소송법의 총칙 규정 및 재판 절차에 관한 일반적인 규정들은 그 성질에 반하지 않는 한 준용되나 공판절차를 전제로 하는 규정들 즉, 증거능력에 관한 규정이나 공소장 변경에 관한 규정은 적용되지 않습니다.

제5절 /

정식재판청구 -

정식재판의 청구권자는 검사와 피고인입니다.

정식재판청구는 법원으로부터 약식명령의 고지를 받은 날로부터 7일 이내에 약식명령을 한 법원에 서면으로 하여야 합니다.(형사소송법 제453조 참조)

정식재판청구기간이 경과하면 정식재판청구권이 소멸하나, 일정한 사유가 있는 경우에는 정식재판청구권의 회복이 인정되며 이 경우에는 상소권의 회복에 관한 규정이 준용됩니다.

정식재판청구에는 약식명령에 불복한다는 뜻만 기재하면 족하고, 불복의 이유는 따로 기재할 필요는 없습니다.

그러나 사안에 따라 법원에서 의견서를 제출해 달라는 통지를 받은 피고인은 의견서를 통하여 벌금감액이 이루어져야 하는 이유와 공소사실에 대하여 무엇이 잘못됐다는 것인지의 구체적인 이유를 작성해 내야합니다.

정식재판청구는 공소불가분의 원칙에 반하지 않는 한 약식명령의 일부에 대하여도 할 수 있습니다.

정식재판의 청구가 있는 때에는 법원은 지체 없이 검사 또는 피고인에게 그 사유를 통지하여야 합니다.(형사소송법 제453조 제3항 참조)

가, 정식재판청구기각

정식재판청구가 법령상의 방식에 위반하거나 청구권의 소멸 후인 것이 명백한 때에는 결정으로 기각합니다.

이 각하결정은 약식명령을 발한 판사가 할 수도 있으며, 정식재판을 담당하는 공판재판부가 할 수도 있고 이 결정은 청구인 및 통지를 받은 상대방에게만 고지합니다.

나, 정식재판의 개시

정식재판청구가 적법한 때에는 공판절차에 의하여 심판합니다.

정식재판을 청구한 피고인이 정식재판절차의 공판기일에 출석하지 아니하여 다시 기일을 정하는데 피고인이 적법한 공판기일 소환장을 받고도 정당한 사유 없이 다시 그 정한 기일에 출석하지 아니한 때에는 피고인의 출석 없이 재판을 할 수 있습니다.

또한 피고인만이 정식재판청구를 한 사건에서 판결을 선고하는 경우에는 그 지정한 선고기일에 피고인이 출석하지 않더라도 판결을 선고할 수 있습니다.

다, 심판의 대상

정식재판의 청구에 대한 심판의 대상은 공소사실이며, 약식명령의 당부를 판단하는 것은 아닙니다.

약식명령에 구속되지 않고 사실인정, 법령적용과 양형에 관하여 법원은 자유롭게 판단합니다.

약식명령의 공소장에 기재된 공소사실에 한해서 현실적 심판의 대상이 됩니다,

그 공소사실과 동일성이 인정되는 범위 내의 사실 전부가 잠재적 심판의 대상으로 됩니다.

공소사실의 동일성이 인정되는 범위 내에서는 공소장의 변경이 허용됩니다.

라, 불이익변경금지원칙

피고인이 정식재판을 청구한 사건에 대하여는 약식명령의 형보다 중한 형을 선고하지 못합니다.(형사소송법 제457조의2 참조)

정식재판에서는 상소의 경우와 같이 불이익변경금지의 원칙이 적용됩니다.

이는 피고인의 정식재판청구권을 실질적으로 보장하고 정당한 권리의 행사는 불이익을 수반하여서는 아니 된다는 점 등을 고려하여 형사소송법에 신설한 규정입니다.

마, 공소취소 등

정식재판청구에 의한 공판절차에서 공소의 취소를 불허하는 규정이 없으며 공소의 취소를 허용하지 아니할 실질적 이유도 없으므로 정식재판청구로 인한 공판절차에서도 공소취소가 허용됩니다.

이 경우에는 공소기각 결정이 확정된 때에 약식명령이 실효됩니다.

정식재판의 청구에 의해서 약식명령이 당연히 실효되지는 아니하고, 정식재판의 청구에 의한 판결이 확정된 때에 그 효력을 잃습니다.

검사의 공소취소에 의하여 공소기각 결정이 확정된 때에도 같습니다.

바, 양형의 편차 해소

　　피고인의 정식재판청구 사유 중 실무적으로 많은 비중을 차지하고 있는 것은 벌금액수에 관한 이의는 형평성에 관한 것입니다.

　　형평성에 관한 이의는 폭력사건과 같은 범죄의 경우 상피고인과 균형이 맞지 않는다는 것으로 어느 정도 사안의 실체와 관련이 되어 있으나 양형의 편차의 문제를 제기하고 있습니다.

　　약식명령에 대한 불복률이 증가하는 결과로 귀결될 수 있으므로 양형의 편차를 줄여나가는 조치가 필요합니다.

　　하물며 약식명령상의 벌금액수가 검사의 예고통지에 기재된 벌금액보다 많은 것은 실무상으로 정식재판청구의 원인이 되고 있습니다.

제6절 정식재판청구서 실전 사례

【정식재판청구서1】 상해죄로 벌금 500만원의 약식명령을 받고 전혀 상해를 입힌 사실이 없으
며 도의적인 책임이 있다고 하더라도 벌금의 액수가 너무 많아 감액을 호
소하는 사례

정 식 재 판 청 구 서 서

사 건 번 호 : ○○○○고약○○○○호   상해

피 고 인 : ○   ○   ○

전 주 지 방 법 원 약 식 계 귀 중

정식재판청구서

1. 피고인

성 명	○ ○ ○	주민등록번호	생략
주 소	전라북도 전주시 완산구 ○○로 ○○길 ○○○.		
직 업	회사원	사무실 주 소	생략
전 화	(휴대폰) 010 - 9987 - 0000		
사건번호	전주지방법원 ○○○○고약○○○○호 상해 피고인		

2. 청구취지

피고인을 벌금 500만원에 처한다는 약식명령을 ○○○○. ○○. ○○. 송달받았으나, 피고인은 이 약식명령에 대하여 불복이므로 정식재판을 청구합니다.

3. 청구이유

(1) 공소사실

피고인은 ○○○○. ○○. ○○. ○○:○○경 전라북도 전주시 ○○구 ○○길 ○○○-○○에 있는 ○○○주점에서 피해자 ○○○(여, ○○세)등과 함께 술을 마시며 피해자와 말다툼을 하던 중 피해자에게 "야 씨발년아 왜 갈려고 하느냐" 라고 욕설을 하고, 피해자의 머리채를 손으로 잡아 바닥에 넘어뜨려 피해자의 이마를 바닥에 부딪히게 하고, 발로 피해자의 다리부분을 수차례 걷어차 피해자에게 약 ○주간의 치료를 요하는 두피의 표재성손상등을 가하였다는데 있습니다.

(2) 사실관계

공소사실에서는 피고인이 이 사건 ○○○주점에서 피해자 ○○○(여, ○
○세)등과 함께 술을 마시며 피해자와 말다툼을 하던 중 피해자에게 "야
씨발년아 왜 갈려고 하느냐" 라고 욕설을 하고, 피해자의 머리채를 손으
로 잡아 바닥에 넘어뜨려 피해자의 이마를 바닥에 부딪치게 하고, 발로
피해자의 다리부분을 수차례 걸어차 피해자에게 약 ○주간의 치료를 요
하는 두피의 표재성손상등을 가한 것으로 주장하고 있습니다.

피고인이 이유여하를 막론하고 상대가 여자 분인데 이런 일까지 빚어
진데 대하여 진심으로 사과의 말씀을 드리겠습니다.

그러나 공소사실에서와 같이 피해자는 안타깝게도 사건 당시의 정황에
대하여 사실과 전혀 다르게 부풀려서 마치 피고인이 의도적으로 폭력
을 행사하는 불량한 사람으로 몰아붙여 흉악범으로 비춰진데 대하여
이를 바로 잡아야겠다는 생각으로 정식재판을 청구하게 된 첫 번째 이
유입니다.

피고인은 ○○○으로 일하면서 알게 된 분이지만 피고인의 손님께서는
이혼 후 결혼을 전제로 만난 여자 두 분과 같이 있다며 자신은 말주변
이 없고 혼자 있는 것이 어색하다며 동석을 제의하여 거절하지 못하고
동석하여 이 사건의 발단이 되어버렸습니다.

피고인이 동석하고 그 자리에서 재혼까지 생각하고 있는 그 손님의 여
자 분께서는 처음 보는 피고인도 아랑곳 하지 않고 처음 보는 사람이
지만 피고인이 봤을 때 그 태도가 불순해 보였고 피고인의 짐작으로는
그 손님의 돈을 노리고 의도적으로 접근한 여자 분으로 보였습니다.

그런데 그 손님 분께서는 피고인에게 말하기를 재혼을 생각하고 있었

다는 말에 피고인으로서는 어찌되었건 모두 좋게만 보려고 했습니다.

그 무렵 피해자는 갑자기 이성을 잃는가하면 술병을 아무런 이유도 없이 피고인을 향하여 집어던지고 행패를 부리는 바람에 피고인으로서는 동석을 원하시던 손님의 입장도 생각해서 참을 수밖에 없었습니다.

피해자는 욕설까지 피고인을 향하여 퍼붓고 피고인에게 또 술병을 집어던지려 하여 피고인이 피하려는 과정에서 피해자가 스스로 바닥에 넘어지면서 이마를 부딪쳤던 것으로 알고 있습니다.

피고인에게 시비도 피해자가 먼저 붙었고 술병을 피고인에게 집어던진 것도 피해자였고 피해자가 행패를 부리다 스스로 넘어져 상처가 난 것에 대한 앙심을 품고 피고인이 피해자의 다리부분을 수차례 걷어찼다고 피고인에게 뒤집어씌우는 피해자의 주장은 전혀 사실과 다르기 때문에 이를 바로 잡고 싶습니다.

피고인은 단연코 피해자를 폭행하지 않았습니다.

피해자가 피고인을 향하여 술병을 집어던지는 과정해서도 상처가 날 정도의 신체 접촉도 없었는데 피해자가 스스로 바닥에 넘어지면서 다친 것으로 분명히 하고 싶습니다.

따라서 피해자가 주장하는 상처에 대하여 면밀히 검토하시어 진위여부를 분명히 밝혀주셨으면 합니다.

(3) 정상관계

수사단계에서도 당연히 피고인이 해병대출신이라 피해자를 발로 걷어찼을 것으로 인정하고 피해자의 말만 믿고 수사한데 대하여 너무나도 억울하기 때문에 정식재판을 청구하게 된 두 번째 이유입니다.

피고인이 ○○○를 전역한 것이 여러 모로 보나 피해자를 폭행한 것으로 지목한 것으로 밖에 볼 수 없습니다.

그러나 우리 ○○○출신은 툭하면 싸움이나 하고 사람을 때리는 그런 사람은 절대 아닙니다.

피고인은 아무런 전과도 없고 지금까지 한 가정의 가장으로써 정말 착하게 살아왔다고 자부할 수 있습니다.

피고인이 결백하다는 증거는 피고인의 손님이신 분이 재혼을 앞두고 있는 여자 분을 만나는 자리에 동석을 초대받은 피고인이 무슨 이유로 무엇 때문에 피해자를 발로 걷어차고 폭행을 행사할 이유가 없다는 것입니다.

피해자가 스스로 실수하고 행패를 부리다가 넘어진 것입니다.

수사기관에서 피고인이 ○○○출신이라는 점 때문에 으레 피해자를 발로 걷어찼을 것이라는 단정 하에 있지도 않은 피고인을 폭행 범으로 몰아간 것에 대하여 정말 억울합니다.

(4) 합의과정

피고인은 진술한 바와 같이 합의해야할 입장을 정리하지 않았습니다.

피고인으로서는 피고인이 피해자를 때리거나 발로 걷어차 바닥에 넘어져 상처가 난 것이라면 응당 그에 대한 사죄와 치료비를 지급하고 합의하여야 마땅하나 피고인이 원인을 제공하지도 않았으며 피해지 스스로 바닥에 넘어져 다친 것이 아닌 이상 합의를 하여야할 이유가 없습니다.

술좌석에 동석하여 함께 있었던 일행으로서의 피고인에게 도의적인 책임은 있을지 모르나 피고인이 피해자에게 합의를 하고 손해배상을 해야 하는 책임은 없다고 생각하고 있습니다.

향후 피고인이 배상해야할 책임이 있는 것으로 인정된다면 언제든지 피해자의 손해를 배상하겠다는 생각에는 변함이 없습니다.

(5) 가정형편

피고인은 처와 자(○○○), 자(○○○), 장모(○○○)과 처의 직장소유인 ○○평평 아파트에 전세 ○억 ○,○○○만 원에 거주하고 있으며 이 아파트는 ○○년이 지난 아파트로서 어린아이들과 처와 피고인이 한방을 사용하고 장모님께서는 작은방을 각 사용하고 있습니다.

피고인이 직장에서 매월 벌어오는 수입은 약 ○○○여만 원에 불과하고 처가 계약직으로 일하고 매월 지급받는 수입이 약 150여만 원으로 한 달에 총 수입 약 ○○○여만 원으로 피고인의 온 가족이 생활하고 있습니다.

피고인이나 처의 명의로 된 매월 갚아야 하는 부채로 장기대출금 약 ○,○○○여만 원이 넘고 매월 월세를 비롯해 매월 지출하는 금액만 해도 무려 ○○○여만 원에 달하고 아이들의 유아원비용도 제대로 낼 수 없는 형편으로 정말 어려운 생활을 하고 있습니다.

(6) 벌금감액

이유야 어찌되었건 피고인에게도 도의적인 책임이 있다고 하더라도 피고인의 가정형편을 고려한다면 벌금 500만 원의 처벌은 도저히 감당할 수 없는 너무나도 가혹하다 아니할 수 없어 정식재판을 청구하게 된 세 번째 이유입니다.

(7) 결론

피고인은 이유를 막론하고 진지한 반성을 하고 있습니다.

피고인에게는 형사처벌을 받은 사실이 전혀 없습니다.

가중요소는 또한 없습니다.

피고인에게 상해죄가 성립한다고 가정하더라도 피고인의 손님의 동석을 제의받아 어울린 자리에서 갑자기 이성을 잃은 피해자가 먼저 술병을 집어던지는 등 행패를 부리는 과정에서 일어난 것이므로 그 상해의 정도가 현저히 약하다 할 것이고, 현재까지의 재판실무상 이 사건과 유사한 수위의 동종 사안에서 볼 때 피고인에게 500만원의 벌금형은 너무나 가혹하여 감액해 주실 것을 간곡히 호소합니다.

또한 피고인은 비록 피해자와 합의는 하지 않았지만 범죄경력이 전혀 없는 피고인이 부양해야 하는 어린 유아원생인 아이들과 처와 거동이 불편하신 장모님이 있다는 점, 이 사건으로 피고인이 사회생활을 영위함에 있어 상당히 무거운 족쇄로 작용할 것이 자명한바, 피고인의 생활형편을 고려하시어 벌금감액을 허락하여 주실 것을 아울러 간곡히 호소합니다.

4. 소명자료 및 첨부서류

(1) 약식명령서   1통

○○○○ 년 ○○ 월 ○○ 일

위 피고인 : ◯　◯　◯　　（인）

전주지방법원 약식계 귀중

【정식재판청구서2】 명예훼손 및 모욕죄로 벌금 700만원의 벌금에 처한다는 약식명령을 받고
공소사실을 부인하고 모욕을 인정 하더라도 벌금 700만원은 너무나 가혹
하여 감액을 호소하는 사례

정식재판청구서

사 건 번 호 : ○○○○고약○○○○호 정보통신망법(명예훼손) 모욕

피 고 인 : ○   ○   ○

천안지원 약식계 귀중

정식재판청구서

1. 피고인

성 명	○ ○ ○	주민등록번호	생략
주 소	충청남도 천안시 ○○로 ○○길 ○○○, ○○○호		
직 업	회사원	사무실 주 소	생략
전 화	(휴대폰) 010 - 1234 - 0000		
사건번호	대전지방검찰청 천안지청 ○○○○형 제○○○○호 정보통신망법(명예훼손), 모욕		

2. 청구취지

피고인을 벌금 700만원에 처한다는 약식명령을 ○○○○. ○○. ○○. 송달받았으나, 피고인은 이 약식명령에 대하여 불복이므로 정식재판을 청구합니다.

3. 청구이유

(1) 공소사실

피의자는 ○○○○. ○○.부터 ○○○○. ○○.초까지 전자기술개발 관련 고소인 측 주식회사 ○○○에서 업무상 계약 관계에 있던 사람이다.

가, 정보통신망 이용촉진 및 정보보호 등에 관한 법률위반(명예훼손)

피고인은 ○○○○. ○○. ○○. ○○○에 고소인 측 주식회사 ○○○를 비방할 목적으로 '○○○대폭락' 이라는 제목으로 '이넘들아 니들이 프리를 개돼지 취급하니 여기에 올라오는거여 제대로 처신하면 이름이 거론되것냐 쓸데없이 누가 비방하나 여기 기웃거리지 말고 하던거나 계속해라 하청놈들한테 보상금 100억을 더받아도 정신적 피해는 복구가 안 된다. 미친새끼들 이거나 처먹어라. 여기 하청 게놈들은 사람이 아니다 ○○의 ○○배로 독한놈들이다. 보상금도 소송걸고 협박해서 경우 몇푼 받아낸건데 니들이 그냥 줄 리가 없지 인사처리를 그때위로 하니까 프리랜서한테 소송달고 몽둥이 찜질 당하지 개사기꾼들, 아무튼 말로만 하는놈들은 믿으면 안되...(이하 생략) 라고 작성하는 등 별지 범죄일람표와 같이 ○개의 사이트에 공공연하게 거짓의 사실을 개시하여 고소인의 명예를 훼손하고,

나, 모욕

위 글에서 피고인은 고소인 측을 지칭하며 ‘개쓰레기 같은 하청, 미친 ㄴ새끼들, 하청 게놈들, 개자슥들, 이게놈들아, 개착쉬, 이 사이코들아, 쓰레기, 지랄하다’ 등 별지 범죄일람표와 같이 공연히 고소인을 모욕하였다는데 있습니다.

(2) 사실관계

피고인은 전자기술 개발로 일정기간 계약직으로 근로하던 중 계약기간이 ○년이 남아있는 상태에서 원인도 없는 부당해고를 당하였고 이에 강력히 항의하고 손해배상금으로 금 ○,○○○만 원을 요구하게 되었습니다.

고소인 측과 합의하는 과정에서 피고인에게 손해배상금으로 ○,○○○만 원을 지급하되 피고인의 근로소득세에 대해서는 고소인 측이 납부하는 조건으로 합의를 하였습니다.

피고인이 ○년 뒤 확인해보니 고소인이 피고인에게 합의금을 적게 주기 위한 하나의 거짓말이라는 사실을 알게 된 시점에서 프로젝트가 끝나 오픈한다는 내용을 보고 해당 프로젝트에 대한 한 동안 작업자로서의 입장을 인터넷에 피력하였던 것은 사실이지만 살인적인 야근을 한다는 것이나 혹독한 야간작업 등으로 죽은 사람 있을지도 모른다는 등 당시에 근무환경에 대한 표현을 한 것뿐인데 허위사실 적시에 의한 비방의 글로 비춰진데 대하여 피고인은 정말 가슴이 아픕니다.

피고인이 적시한 사실은 객관적으로 볼 때 공공의 이익에 관한 것으로서 피고인도 주관적으로 공공의 이익을 위하여 혹독한 근무여건 속에서 주당 ○○시간 이상 극한 노동에 시달리고 있을 근로자들의 이익에 관한 것으로서 나아가 프로젝트를 개발하는 계약직 근로자의 관심과 이익에 관한 사실을 적시한 것입니다.

피고인이 적시한 내용에 다소 모욕적인 표현이 들어있을 뿐 모두 사실로서 진실한 것으로서 공표가 이루어진 상대방의 범위를 살펴보더라도 극히 제한적이고 표현의 방법 또한 프로젝트 개발자들을 목표로 하는 등 그 표현 자체에 관한 제반 사정은 실제 있었던 사실입니다.

피고인이 글을 올리게 된 동기는 고소인은 근로계약에 의하여 실제 지급받아야 할 금액은 ○,○○○만 원에 달하는데 피고인에게 거짓말로 속이는 바람에 그 반도 되지 않는 ○,○○○만 원으로 합의한 사실을 뒤늦게 알고 고소인이 프로젝트를 오픈한다는 말을 듣고 피고인으로서는 다른 근로자들이 피고인과 같은 입장에서 임금 등과 관련하여 피해보는 일은 없어야겠다는 생각으로 글을 올린 것입니다.

존경하는 재판장님께서도 이 사건에 대한 수사기록을 살펴보시면 아시겠지만 피고인은 고소인에 대한 성명이나 명칭을 명시한바 없었으므로 주위사정을 종합 판단하더라도 그것이 고소인을 지목하는 것인가를 알아차릴 수 없는 상태여서 고소인에 대한 명예훼손죄는 피고인은 법에 문외한이지만 구성하지 않는다고 생각하고 있습니다.

적시된 사실에 대한 허위성을 판단하시면 피고인이 적시된 사실을 통하여 전달하고자 하는 실질적인 내용의 진위를 기준으로 삼아야하기 때문에 피고인은 오로지 '하청업자' 하청업체를 지목하였으므로 고소인을 지목하지 않았고 일반인들이라면 하청업자가 누구인지 특정되지 않았습니다.

오로지 피고인은 하청업자들에 대한 근로요건과 그에 대한 실태를 근로자들에게 알려야겠다는 공공익의 목적을 가지고 있었기 때문에 피고인 스스로 명예훼손 적 표현의 위험을 자초한 것이 아니고 열악한 근로환경개선에 초점을 맞춰진 동기 등 제반사정을 고려하여 판단하면 피고인의 주요한 동기 내지 목적은 공공의 이익을 위한 것으로서 수적으로 다른 사익적 목적이나 동기가 내포되어 있더라도 비방할 목적이 있다고 볼 수 없습니다.

더군다나 피고인은 고소인에게 합의금으로 ○,○○○만 원을 청구하였다가 반액에도 미치지 못하는 ○,○○○만 원을 교부받고 합의한 사실이 있었으므로 고소인을 상대로 사익을 추구할 악의는 처음부터 존재하지 않으므로 비방목적이 없습니다.

(3) 수사과정

피고인은 수사단계에서도 전술한 바와 같이 수도 없는 주장을 밝혔으나 아랑곳하지 않고 피고인의 주장을 모두 인정하지 않았습니다.

피고인으로서는 전자기술 개발업무에 종사하는 근로자들에 대한 열악한 근로환경에 관한 문제를 개선되어야 한다는 생각으로 진실만을 적시한 것인데 고소인의 말에만 의존한 채 진실을 허위사실로 몰아붙이고 수사한데 대하여 너무나도 억울하기 때문에 정식재판을 청구하게 된 이유 중에 하나입니다.

수사기관에서는 피고인이 허위사실 적시에 의한 명예훼손죄로 단정 짓고 있지도 않은 허위사실을 적시하였다고 몰아간 것에 대하여 정말 억울합니다.

허위사실 적시에 의한 명예훼손죄가 적용하기 위하여 적시된 허위의 사실인지 여부를 판단함에 있어서는 적시된 사실의 내용 전체의 취지를 살펴볼 때 중요한 부분이 객관적 사실과 합치되는 경우에는 세부에 있어서 진실과 약간 차이가 나거나 다소 과장된 표현이 있다 하더라도 이를 허위의 사실이라고 볼 수는 없다.(대법원 2000. 2. 20. 선고 99도4757 판결 참조)

위 판례에서와 같이 피고인은 제3자인 근로자들의 입장을 고려하여 열악한 근로환경개선을 꾸짖는 것에 불과한 내용들입니다.

(4) 공공의 이익 관련

피고인이 게재한 사실의 적시는 오로지 공공의 이익에 관한 것입니다.

피고인은 고소인에 대한 프로젝트 개발업무에 종사하는 근로자 다수인의 이익에 관한 사항을 알려야겠다는 목적이 있었습니다.

피고인은 앞서 진실한 사실을 다른 근로자들의 이익을 위하여 적시한다는 동기와 목적이 있었습니다.

공연히 사실을 적시하여 고소인의 명예를 훼손하는 행위가 진실한 사실로서 오로지 전자기술 개발업무에 종사는 근로자들의 이익에 관한 것이므로 위법성이 반드시 조각되어야 합니다.

(5) 벌금감액

이유야 어찌되었건 명예훼손죄를 떠나 피고인이 고소인을 지칭하지 않은 상태에서 욕설을 한 것은 책임이 있다고 하더라도 피고인의 가정형편을 고려한다면 벌금 700만 원의 처벌은 도저히 감당할 수 없는 너무나도 가혹하다 아니할 수 없어 정식재판을 청구하게 된 두 번째 이유입니다.

피고인은 초범으로 범죄전력이 전혀 없으므로 명예훼손죄가 무죄가 될 수 없다고 하더라도 벌금 700만 원은 피고인의 형편으로는 상상할 수 없는 너무나 큰돈입니다.

피고인에게 명예훼손죄에 대하여 무죄가 받아들여지지 않는다고 하더라도 벌금이 너무 가혹하리만치 많습니다.

피고인의 가정형편을 참작하시어 벌금은 대폭 감액해 주시면 감사하겠습니다.

피고인은 정말 어렵게 생활하고 있습니다.

(6) 결론

피고인은 이유를 막론하고 진지한 반성을 하고 있습니다.
피고인에게는 형사처벌 전력이 전혀 없습니다.

가중요소는 또한 없습니다.

피고인에게 모욕죄가 성립한다고 가정하더라도 피고인으로서는 피고인과 같은 피해자가 없었으면 좋겠다는 생각으로 피고인에게 있었던 사실을 적시하였던 것이고 이는 오로지 다른 근로자들에게 알려주려는 공익적 목적에 의한 것이므로 그 명예훼손 적 정도가 현저히 약하다 할 것이고, 현재까지의 재판실무상 이 사건과 유사한 수위의 동종 사안에서 볼 때 피고인에게 700만원의 벌금형은 너무나 가혹하여 감액해 주실 것을 간곡히 호소합니다.

부디 피고인에게는 피고인이 부양해야 하는 가족과 이 사건으로 피고인이 사회생활을 영위함에 있어 상당히 무거운 족쇄로 작용할 것이 자명한바, 피고인의 생활형편을 고려하시어 벌금감액을 허락하여 주시고 아울러 명예훼손죄 부분에 대해서는 재판장님께서 깊이 통찰하시어 무죄를 선고해 주셨으면 고맙겠습니다.

4.소명자료 및 첨부서류

(1) 약식명령서   1통

○○○○ 년 ○○ 월 ○○ 일

위 피고인 : ○   ○   ○   (인)

천안지원 형사 제○단독 귀중

정식재판청구서

사 건 번 호 : ○○○○고약○○○○호 산업안전보건법위반

피 고 인1 : ○   ○   ○

피 고 인2 : ○ ○ ○ ○ 주식회사

광주지방법원 약식계 귀중

정식재판청구서

1. 피고인1

성 명	○ ○ ○	주민등록번호	생략
주 소	광주광역시 ○○구 ○○로 ○○길 ○○○, ○○○호		
직 업	회사원	사무실 주 소	생략
전 화	(휴대폰) 010 - 6789 - 0000		
사건번호	광주지방법원 ○○○○고약○○○○호 산업안전 보건법위반		

피고인2

성 명	○ ○ ○	법인등록번호	생략
주 소	광주광역시 ○○구 ○○로 ○길 ○○○.		
대 표 자	대표이사 ○○○		
전 화	(휴대폰) 010 - 3344 - 0000		
사건번호	광주지방법원 ○○○○고약○○○○호 산업안전 보건법위반		

3. 청구취지

피고인들에게 각 벌금 400만원에 처한다는 약식명령을 ○○○○. ○
○. ○○.송달받았으나, 피고인들은 이 약식명령에 대하여 벌금액수가
너무 많고 일부공소사실에 대한 불복이 있어 정식재판을 청구합니다.

4. 청구이유

피고인들에 대한 광주지방고용노동청 근로감독관 ○○○작성의 시정명령서에 의하면

① 지하3층 슬라브 단부와 벽체 간 개구부에 추락방지 조치를 하시기 바랍니다.(산업안전보건 기준에 관한 규칙 제43조 제1항)

② 지상1층에서 설치사용 중인 아크용접기의 금속제 외함에 접지를 하시기 바랍니다.(산업안전보건 기준에 관한 규칙 제302조 제1항)

③ 지하수위계(W3) 가´ 14.12.19. 손망실되어 계측이 불가능한 상황이므로 보강조치(계측기 재설치 또는 재설치 필요여부에 대한 판단 검토)를 하시기 바랍니다.(산업안전보건 기준에 관한 규칙 제347조 제2항)

상당부분 전혀 피고인들과 상관이 없는 것이 포함되어 있으며 피고인들이 진술한 내용과도 상당한 차이가 있으므로 공소사실을 부인합니다.

(2) 광주지방고용노동청의 시정명령은 지나칠 정도로 단속에만 의존한 것이지만 피고인들로서는 재해가 전혀 발생하지 않았고 즉시 시정명령에 따라 시정조치를 완료한 피고인들에게 산업안전보건법을 위반하였다는 이유만으로 약식기소 한 것은 위법 부당합니다.

(3) 시정명령 ① 항은 근로자들이 전혀 출입하지 않을 뿐만 아니라 폭이 좁아 사용하지도 못하는 개구부에까지 추락방지를 하라는 시정명령에 쫓아 피고인들은 바로 추락방지를 설치하였습니다.

시정명령 ② 항의 사용 중인 아트용접기의 금속제 외함에 접지를 하라

는 부분도 아무런 위험요소가 없는 것이지만 피고인들은 모두 시정초치를 완료하였습니다.

(4) 피고인들로서는 시정명령 ①, ②항을 위반하였다고 하더라도 이제 막 공사를 시작한 현장으로서 재해도 없었고 바로 시정조치를 완료한 피고인들에게 이렇게 가혹한 처벌을 한다는 것은 불복이 있으므로 명확한 사실관계를 밝혀 주실 것을 기대합니다.

(5) 앞으로는 절대 이러한 일이 생기지 않도록 각별히 주의하고 현장에서 일하는 근로자들에게 재해가 생기지 않도록 만전을 기할 것을 존경하는 재판장님께 다짐하오니 피고인들에게 과다하게 부과된 벌금은 너무나 가혹하고 금액이 많으므로 대폭 감액해 주실 것을 호소하고자 정식재판 청구에 이르렀습니다.

4. 소명자료 및 첨부서류

(1) 약식명령서   1통
(2) 피고인1에 대한 인감증명서   1통
(3) 피고인2에 대한 법인등기부등본   1통

○○○○ 년 ○○ 월 ○○ 일

위 피고인1 : ○   ○   ○   (인)

위 피고인2 : ○   ○   ○   (인)

광주지방법원 약식계 귀중

【정식재판청구서4】 명예훼손죄로 벌금 300만원의 약식명령을 받고 인터넷상에서 게재된 글에
대하여 바로 집기 위해 올린 글일 뿐 비방할 목적이 없었다는 정식재판청
구 사례

정식재판청구서

사 건 번 호 : ○○○○고약○○○○호 **명예훼손죄**

피 고 인 : ○   ○   ○

대구지방법원 약식계 귀중

정식재판청구서

1. 피고인

성 명	○ ○ ○	주민등록번호	생략
주 소	대구광역시 ○○구 ○○로 ○○길 ○○○.		
직 업	회사원	사무실 주 소	생략
전 화	(휴대폰) 010 - 2999 - 0000		
사건번호	대구지방법원 ○○○○고약○○○○호 명예훼손죄		

2. 청구취지

피고인을 벌금 300만원에 처한다는 약식명령을 ○○○○. ○○. ○○. 송달받았으나, 피고인은 이 약식명령에 대하여 벌금액수가 너무 많아 불복이므로 정식재판을 청구합니다.

3. 청구이유

(1) 공소사실

피고인은 ○○○○. ○○. ○○. ○○:○○경 인터넷포털사이트 상에 ○○○게시판에 접속하여 대화를 하는 도중, 느닷없이 "피해자에게 이년아 저년아 썹 팔년이 하는 욕설을 회면캡처와 같이 올려 피해자는 정중하게 사과를 요구하고 삭제를 요구하였으나, 피고인은 이에 아랑곳하지 않고 오히려 그 수위를 더 높이는 욕설을 계속해서 올려 피해자의 명예를 치명적으로 훼손하였다는데 있습니다.

(2) 사실관계

공소사실에 기재된 내용은 피고인이 게시판에 올린 것이 아닙니다.

피고인이 올린 내용인 것처럼 나열되어 있으나, 실제 피고인이 올린 것이 아닙니다.

피고인이 비방할 목적으로 ○○게시판에 글을 올린 것처럼 적시되어 있으나 그 내용은 사실이 아닙니다.

피고인은 피해자를 알지도 못하고 무슨 원한과 이득이 없는데 글을 올릴 이유도 없습니다.

단지 피고인이 ○○게시판에 올라온 글을 우연히 보고 오인한 글에 대하여 의견을 바로잡고자 글을 올렸던 것이지 결코 피해자의 명예를 훼손하기 위해 올린 것은 절대 아닙니다.

(3) 이러한 피고인에게 피해자를 비방할 목적으로 허위사실을 적시하여 명예를 훼손하였다는 이유로 벌금 300만원으로 약식명령을 한 것은 너무나도 억울합니다.

(4) 앞으로는 절대 이러한 일이 생기지 않도록 각별히 주의하고 피해자께 사죄의 말씀을 드리며 단지 잘못된 역사의식을 바로 알리기 위해 의견을 올린 글이 피해자의 명예를 훼손하였다는 주장에 대해서는 불복이 있으므로 명확한 사실관계를 밝혀주실 것을 기대하며 정식재판을 청구하기에 이른 것입니다.

4. 소명자료 및 첨부서류

(1) 약식명령서   1통

○○○○ 년 ○○ 월 ○○ 일

위 피고인 : ○   ○   ○   (인)

대구지방법원 약식계 귀중

【정식재판청구서5】 상해 말다툼으로 오히려 피해가 많은 피고인에게 벌금 300만원을 부과하
는 것은 가혹하다며 무죄선고를 청구하고 무죄가 되지 않을 경우 벌금을
줄여 달라는 사례

정 식 재 판 청 구 서

사 건 번 호 : ○○○○고약○○○○호 상해

피 고 인 : ○   ○   ○

부산지방법원 서부지원 약식계 귀중

정식재판청구서

1. 피고인

성 명	○ ○ ○	주민등록번호	생략
주 소	부산시 ○○구 ○○로 ○○길 ○○○. ○○○호		
직 업	상업	사무실 주 소	생략
전 화	(휴대폰) 010 - 3348 - 0000		
사건번호	부산지방법원 서부지원 ○○○○고약○○○○호 상해 피고인		

2. 청구취지

위 피고인에 대한 폭력행위등처벌에관한법률위반(상해) 피고사건에 관하여 벌금 300만원에 처한다는 약식명령등본을 ○○○○. ○○. ○○. 송달받은 바 있으나 피고인은 이 명령에 전부 불복하므로 정식재판을 청구합니다.

3. 청구이유

(1) 서론

위 사건에 관하여 피고인이 청구 외 ○○○(이하 이 사건의 "피해자"이라 줄여 쓰겠습니다)에게 폭행을 가하여 상해를 입혔다고 하여 벌금 300만원에 처한다고 하는 약식명령등본이 피고인에게 송달되었으나 피고인은 벌금에 액수가 지나치게 많을 뿐만 아니라 공소사실에 불복이 있습니다.

오히려 피고인이 피해자이고 피해자가 피고인을 폭행한 가해자입니다.

피해자의 진술과 주장은 모두 거짓말입니다.

(2) 이 사건의 실체

피고인은 업무와 관련하여 부산 강서에 갔었는데 업무를 마친 후 저녁 식사 겸 막걸리를 시켜먹고 어느 정도 취기가 오른 상태에서 ○○○○. ○○. ○○. ○○:○○경 부산광역시 ○○구 ○○로 ○○에 있는 ○○은행 입구에서 피해자에게 피고인이 아무런 이유 없이 시비를 걸었다고 기재되어 있으나, 실제 어깨를 살짝 스친 것에 불과하였던 것이었고, 오히려 피해자가 피고인에게 참아 입에 담을 수조차 민방하리 만치 욕설을 퍼부었습니다.

피고인은 법을 잘 모르고 이러한 일이 처음이고 또한 수사기관에서 조사를 받는 것도 경험이 없어서 아직도 이해가 가지 않는 대목이 많습니다만 피고인이 피해자의 몸에 올라타 10여대를 때린 것이 사실이라면 아무리 피해자라 할지라도 1주간의 치료를 요하는 진단만 나오지 않았을 텐데 피해자는 ○○경찰서 조사 시에 전치 1주간의 진단서만 당랑 제출된 상황에서 거꾸로 폭력을 행사하였다는 피고인의 피해는 이 보다 훨씬 큰 상해를 입었다면 모두 피해자가 둘러대는 거짓말만 의존한 채 피고인에게 혐의를 둔 수사기관에서 무엇인가 분명 큰 잘못을 범한 것이므로 피고인이 정식재판을 청구하게 된 불복이유 중 하나입니다.

(3) 피고인에게 오히려 피해가 더 큽니다.

피고인은 이 사건 폭력으로 인하여 오히려 피해자가 피고인을 밀치고 가슴을 때리는 바람에 땅바닥으로 넘어지는 등 폭력을 당하고 전치 3

주간의 치료를 요하는 상해를 입고 병원에서 입원치료를 받는 등 그 치료비만 해도 무려 300만 원가량 지출되었으며, 이에 대한 증거자료는 ○○경찰서에 이미 제출한 상해부위 사진만 면밀히 살펴보더라도 충분히 입증이 되고 그 피해정도가 밝혀지고도 남고 그 증거가 충분합니다.

그러나 수사를 담당하던 경찰관이나 그 이외의 수사관들은 피고인이 제출한 진단서나 상해피해에 대하여 입증하려는 자료마저 외면하고 편파수사를 자행하여 여기까지 온 것에 대해 정말 억울한 심정인데 설상가상으로 오히려 이 사건에서 피해자인 피고인에게 부과한 약식명령에 대한 벌금은 300만원에 처한다는 것은 피고인이 상해를 입은 피해자라는 입장에서 보면 이는 너무나 가혹할 수밖에 없다는 것이 정식재판을 청구하게 된 불복이유 중 하나입니다.

(4) 결어

존경하는 우리 재판장님!

피고인이 말다툼을 하고 시비를 붙고 몸싸움을 한 것은 사실이지만 그렇다고 해서 피고인이 잘 했다는 것은 아닙니다.

시비한 부분에 대해서는 입이 열 개가 있더라도 할 말이 없습니다.

피고인을 걱정하시는 부모님을 생각하면 하늘이 무너져 내릴 것 같습니다.

죄송한 마음으로 앞으로는 절대 이런 일이 생기지 않게 하겠다고 피고인은 다짐도 하고 맹세했습니다.

피고인은 처음이자 마지막으로 당해보는 일이라 담당 경찰관이 별것 아니라는 말에 잠시 흔들리기는 하였으나 피고인에 대한 억울한 부분을 모두 배척하고 편파수사를 자행한 경찰관에게 혐의사실을 완강히 부인하고 억울한 누명을 벗겨달라고 하였는데 이상하게 꼬여 오히려 피고인이 가해자로 둔갑되어 억울하고 분해서 밤새도록 한잠도 못자고 뜬눈으로 보내고 있고 직장에도 언제 어떻게 될 지 장담할 수 없는 상황에 처한 피고인에게 엄청나게 큰돈을 벌금으로 내라는 것은 부당합니다.

피고인이 시비하고 말다툼을 했다고 해서 엄청난 벌금을 내야할 만치 잘 못하지 않았다는 것을 헤아려 주셨으면 고맙겠습니다.

다시 한 번 호소합니다.

피고인에게 무죄를 선고해 주셨으면 합니다.

무죄가 허용되지 않는다면 피고인의 가정형편을 고려하시어 피고인이 납부해야 할 벌금을 대폭 감액해 주시면 앞만 보고 열심히 살겠습니다.

재판장님께서 판단하시고 결정하시는 결과에 따라 피고인은 생계와 운명이 달려있습니다.

다시 한번 선처를 호소합니다.
꼭 부탁드립니다.

소명자료 및 첨부서류

(1) 피고인에 대한 진단서   1통

○○○○ 년 ○○ 월 ○○ 일

위 피고인 : ○   ○   ○   (인)

부산지방법원 서부지원 약식계 귀중

정식재판청구서

사 건 번 호 : ○○○○고약○○○○호 도로교통법위반(음주운전)

피 고 인 : ○   ○   ○

춘천지방법원 약식계 귀중

정식재판청구서

1. 피고인

성 명	○ ○ ○		주민등록번호	생략
주 소	강원도 춘천시 ○○로 ○○길 ○○. ○○○호			
직 업	사업	사무실 주 소	생략	
전 화	(휴대폰) 010 - 9912 - 0000			
사건번호	춘천지방법원 ○○○○고약○○○○호 음주운전			

2. 청구취지

피고인을 벌금 500만원에 처한다는 약식명령을 ○○○○. ○○. ○○. 송달받았으나 피고인은 이 약식명령에 대하여 벌금액수가 너무 많아 불복이므로 정식재판을 청구합니다.

3. 청구이유

(1) 먼저 피고인은 술을 먹고 운전을 하여서는 아니 되는 음주운전을 하여 진심으로 잘못을 깊이 뉘우치고 반성하고 있습니다.

(2) 이유여하를 막론하고 피고인의 음주운전행위는 국법 질서의 확립을 위하여 당연히 처벌되어야 합니다.
그러나 다음과 같은 사유들을 재고하여 한번만 더 선처해 주시기 바랍니다.

(3) 음주운전을 한 잘못에 대해 정말 할 말이 없습니다.

피고인은 ○○○○. ○○.경 부득이한 사정으로 이혼한 이래 사회복지사로 일을 하다던 중, 허리를 크게 다치는 바람에 오도 가도 못할 신세가 되었지만 막상 갈 곳이 마땅찮아 혼자 지인의 집 문간방에서 무상으로 거주하고 있는 실정입니다.

피고인이 음주운전으로 단속되는 날에도 허리가 몹시 아프지만 사회복지사로서 불편하신 어르신을 돕고 돌아오는 과정에서 그 어르신께서 권하는 와인을 극구 거절할 수 없었던 상황에서 2잔정도 마셨습니다.

피고인으로서는 앞서 음주운전에 대한 전력도 있었고 허리도 불편하여 사회복지사로서의 일을 잠정적으로 중단해야 했던 상황을 고려하여 가급적이면 음주운전만큼은 피하려는 생각으로 와인을 마신 장소 주변에서 장시간을 보낸 후 피고인의 생각으로 이정도의 시간이 흘렀기 때문에 별문제가 없겠다는 착오로 운전을 한 것이 또 적발되고 말았습니다.

(4) 피고인으로서는 생활도 생활이지만 사회복지사로 수많은 도움의 손길을 원하시는 불편하신 분을 보살펴드려야 할 어르신이 저에게 상당히 많이 계시기 때문에 허리가 아파도 거동이 불편하신 분들을 위해서는 운전이 필수인 피고인에게 또 이번과 같은 일이 생기고 보니 가슴까지 찢어지는 것 같습니다.

이혼이라는 가슴 아픈 사연을 채 잊기도 전에 허리를 다쳤고 전 남편과의 문제로 발생된 부채를 여자인 피고인이 고스란히 떠 앉는 바람에 피고인의 수입으로는 눈덩이처럼 불어나는 은행부채를 감당할 수 없어서 전세보증금 마저 빼서 은행돈을 갚고 가방하나만 달랑 들고 나와 지금은 지인의 집 문간방에서 무상으로 거주하는 대신에 허드렛일을 돕고 생활하는 처지에서 음주운전으로 적발되고 말았지만 아무리 허리가 아파도 찾으시는 어르신이 계시면 하든일도 제쳐두고 차를 몰고 달려가야 하는 사회복지사인데 이제는 그나마도 운전을 할 수 없게 되었다는 생각만 하면 가슴이 찢어질 것만 같습니다.

(5) 그래서 저는 부끄러운 일이지만 앞전에도 음주운전으로 적발된 전력이 있습니다.

그것도 여자가, 사회복지사인 제가 말입니다.

한 번도 아닌 두 번씩이나 음주운전으로 적발되었지만 그래도 사회복지사로써 이혼이라는 아픈 상처를 딛고 거동이 불편하신 분들과 저의 도움을 바라는 분들을 위하여 보람과 긍지를 가지고 열심히 살았다고 자부할 수 있습니다.

(6) 이렇게 사는 피고인에게 자동차는 현재 유일한 생활필수품이 되어 있는 상황이고, 피고인은 사회복지사로서 정상적 활동을 위해서는 자동차운행이 불가피한 실정입니다.

음주운전행위는 우리나라의 생활문화가 서구의 자동차 문화로 전환되는 과정에서 오는 적응 미숙이라는 부분도 상당부분 포함되어 있다고 생각하지만 이를 사회악으로만 보고 피고인의 형편으로 상상조차 할 수 없는 엄청난 금액의 벌금으로 몰아붙이고 많은 벌금을 부과하는 것은 지나친 힘의 사용이라고 생각이 듭니다.

피고인이 잘했다는 것은 절대 아닙니다.

피고인과 같이 음주운전의 범법행위에 대한 엄벌도 필요하지만 얼마 전에 기사에서 보았지만 현재 우리나라는 가구당 부채가 1억 원을 훨씬 넘는다고 들었습니다.

이러한 실정에서, 과중한 벌금을 부과한다는 것은 피고인과 같은 경제

능력이 전혀 없는 피고인에게는 유전무죄 무전유죄라는 허탈감마저 들게 할 뿐 아니라 이는 법의 존엄성과 정당성마저 손상할 수도 있다는 생각마저 듭니다.

(7) 피고인의 음주운전행위는 처벌받아 마땅하나 남의 집 문간방에서 허드렛일을 돕고 무상으로 거주하는 피고인으로서는 어쩔 수 없이 어르신께서 권하는 와인을 마신 후에도 음주운전만큼은 피하려고 장시간을 보낸 후 이정도의 시간이 지났기 때문에 음주와는 아무런 상관이 없겠다는 착오를 일으켜 운전한 피고인에게는 도저히 감당할 수 없고 상상할 수도 없는 많은 벌금을 내야한다는 것은 정말 가혹합니다.

먹고살기조차 힘든 피고인에게 이렇게 많은 벌금을 내라는 것은 죽으라는 것과 다르지 않아 이제는 허탈감마저 듭니다.

(8) 이러한 피고인의 사정을 조금만 헤아려 주시고 피고인이 내야하는 벌금을 피고의 형편을 고려하시어 감액해 주시면 다시는 음주운전하지 않겠습니다.

이번 한번만 더 기회를 주시면 열심히 사회복지사로서 봉사하며 살겠습니다.

부디 피고인에게 선처를 호소합니다.

4.소명자료 및 첨부서류

(1) 약식명령서   1통

○○○○ 년 ○○ 월 ○○ 일

위 피고인 : ○   ○   ○   (인)

춘천지방법원 약식계 귀중

정식재판청구서

사 건 번 호 : ○○○○고약○○○○호 정보통신망법(명예훼손)
　　　　　　　　모욕

피 고 인 : ○ 　　　 ○ 　　　 ○

대구지방법원 안동지원 약식계 귀중

정식재판청구서

1. 피고인

성 명	○ ○ ○	주민등록번호	생략
주 소	경상북도 안동시 ○○로 ○○길 ○○○, ○○○호		
직 업	회사원	사무실 주 소	생략
전 화	(휴대폰) 010 - 6678 - 0000		
사건번호	대구지방법원 안동지원 ○○○○고약○○○○호 업무방해		

2. 청구취지

피고인을 벌금 200만원에 처한다는 약식명령을 ○○○○. ○○. ○○. 송달받았으나, 피고인은 이 약식명령에 대하여 공소사실에 대한 불복이므로 정식재판을 청구합니다.

3. 청구이유

(1) 공소사실의 요지

피고인은 ○○○○. ○○. ○○. 20:20경부터 같은 날 24:05까지 사이에 경상북도 안동시 ○○로 ○○, ○○빌딩 2층 피해자가 운영하는 아름다운 호프 집에서 그곳 여종업원 ○○○(여, ○○세)를 피고인이 옆자리에 동석시켜달라고 요구하였으나 피해자가 이를 들어주지 않는다는 이유로 호프집 테이블에 앉아서 큰소리로 떠들며 재떨이를 바닥에 던지는 등 소란을 피워 당해 호프집에 들어오려던 손님들이 들어오지 못하게 함으로써 위력으로써 피해자의 일반음식점영업업무를 방해하였다는데 있습니다.

(2) 사건의 실체

　　가, 피해자의 불친절

　　　　피해자는 위 공소사실에 기재된 일시에 피고인이 옆자리에 여종업
　　　　원을 동석시켜주지 않는다고 앙심을 품고 재떨이를 바닥에 집어던
　　　　져 소란을 피운 것으로 주장하고 있으나 이는 사실과 전혀 다른
　　　　억지주장입니다.

　　　　피고인이 재떨이를 집어던진 사실도 없습니다.

　　　　탁자가 흔들리며 테이블에 있던 재떨이가 바닥으로 떨어진 것뿐입
　　　　니다.

　　　　피고인이 여자종업원을 동석시켜주지 않자 앙심을 품고 재떨이를
　　　　집어던졌다는 것도 거짓말입니다.

　　　　이미 여자종업원은 피고인의 자리에 동석하여 같이 술을 마시고
　　　　있었기 때문에 모두가 거짓말입니다.

　　　　다만, 안주를 시켰는데 장시간이 지나도록 안주를 가져오지 아니
　　　　하여 약간의 언쟁은 있었으나 재떨이를 집어던지거나 손님들이 호
　　　　프집으로 들어오지 못하게 피고인은 난동을 부리지도 않았습니다.

　　나, 이 또한 안주를 늦게까지 가져오지 않아서 피해자의 불친절에서 비
　　　　롯된 것인데 모두 피해자가 앙심을 품고 피고인에게 죄를 뒤집어
　　　　씌운 것입니다.

(3) 수사과정

  가, 피고인은 수사기관에서도 피해자의 주장은 모두 조작된 것이라고 진술하였으나 피고인의 주장은 아랑곳하지 않고 피해자의 주장만 의존 한 채 여기까지 온 것이야 말로 이 사건 약식명령은 부당하기 때문에 정식재판을 청구하게 된 불복이유 중 하나입니다.

  나, 피해자의 주장만으로 피고인에게 혐의를 둔 수사기관에서 무엇인가 분명 큰 잘못을 범한 것이므로 피고인이 정식재판을 청구하게 된 불복이유 중 하나입니다.

(4) 결론

  피고인으로서는 여기까지 오고 재판을 받는다는 것 자체가 너무나도 억울하고 분합니다.

  피고인은 잘못한 것이 없습니다.

  잘못한 것이 있다면 안주가 늦게까지 가져오지 아니하여 항의한 것뿐입니다.

  이러한 항의도 손님으로서 당연히 할 수 있는 수준에 불과하였고 손님들이 들어오지 못하게 난동을 부린 사실은 더더구나 없었습니다.

  아무런 잘못도 한 일이 없는 피고인에게 꼭 무죄를 선고해 억울한 누명을 벗겨주시기 바랍니다.

4.소명자료 및 첨부서류

(1) 약식명령서   1통

○○○○ 년 ○○ 월 ○○ 일

위 피고인 : ○   ○   ○   (인)

대구지방법원 안동지원 약식계 귀중

정 식 재 판 청 구 서

사 건 번 호 :   ○○○○고약○○○○호 사고후 미조치

피 고 인 : ○   ○   ○

창원지방법원 진주지원 약식계 귀중

정식재판청구서

1. 피고인

성 명	○ ○ ○	주민등록번호	생략
주 소	경상남도 진주시 ○○로 ○○길 ○○○, ○○○호		
직 업	회사원	사무실 주 소	생략
전 화	(휴대폰) 010 - 1234 - 0000		
사건번호	진주지원 ○○○○고약○○○○호 사고후 미조치		

2. 청구취지

피고인을 벌금 500만원에 처한다는 약식명령을 ○○○○. ○○. ○○. 송달받았으나, 피고인은 이 약식명령에 대하여 벌금액수가 너무 많고, 공소사실 일부 인정할 수 없다는 이유로 불복하여 정식재판을 청구합니다.

3. 청구이유

(1) 사고발생

피고인은 ○○○○. ○○. ○○. ○○:○○경 ○○로○○○○호 ○○○승용차를 운전하여 대구경부고속도로 내륙지선 하행선 현풍기점 41키로 지점 부근을 편도1차로에서 2차로로 차로 변경을 하게 되었다.

이러한 경우 자동차운전업무에 종사하는 자로서는 차간거리 지시등을 작동하여 그 진로변경을 예고함은 물론 전후좌우를 살피고 차선을 변경하여야 할 업무상주의의무가 있었다.

그럼에도 불구하고 피고인은 이를 게을리 한 채 차간거리를 유지하지 않고 차로를 변경한 과실로 때마침 같은 방향 2차로를 진행하던 피해자 운전의 ○○구○○○○호 ○○승용차가 피고인의 차를 피하기 위해 그 앞차의 범퍼부분으로 도로 우측 철재 가드레일을 충격케 하여 결국 피고인은 위와 같은 업무상 과실로 피해자 김승학에게 약 6주간의 치료를 요하는 우측 무지 신전 건 파열 상을 입게 함과 동시에 약 ○○○만원 상당의 수리비가 들도록 위 피해자차량을 손괴하고도 곧 정차하여 피해자를 구호하는 등 필요한 조치를 취하지 아니하고 그대로 도주하였다는 데 있습니다.

(2) 피고인은 사고사실을 전혀 알지 못했습니다.

피고인은 이 사건 사고가 발생한 사실도 전혀 몰랐고 조수석에 앉아간 언니가 뒤에 따라오던 차량이 사고가 난 것 같다고 해서 차량을 피고인이 당장 세우려고 했지만 고속도로인데다 오고가는 차량들이 너무나 많아서 도저히 정차할 수가 없어서 옆에 있는 언니에게 동부화재로 연락하게 하고 차량을 정차할 장소를 찾지 못해 인근에 있는 휴게소까지 이동한 것입니다.

피고인이 도주할 생각이 있었다면 피고인이 가입한 동부화재에 언니에게 전화하고 어느 지점에서 사고신고가 적부 되어 있으면 해결해 달라고 신고할 이유도 없을 텐데 수사기관에서는 무조건 하고 피고인이 도주한 것으로 사고수습 미 조치로만 몰아붙이고 있어서 억울합니다.

(2) 차량을 세울 수가 없었습니다.

하지만, 피고인은 오고가는 차량들이 너무나 많아서 차량을 급히 정차할 수 있는 상황이 아니었기 때문에 하는 수 없이 차량을 정차할 장소를 찾으면서 이동할 수밖에 없었습니다.

정말 정차할 공간이 있었다 하더라도 피고인의 운전은 서툴렀기 때문에 정차할 수 없었습니다.

(3) 보험회사에 사고적부

이 사건 사고에 대하여 피고인의 잘못이지만, 알았다고 하더라도 당장 정차할 장소가 없었기 때문에 피고인은 차량을 정차할 장소를 물색하면서도 피고인의 언니로 하여금 보험회사로 어느 지점에서 일어난 사고에 대하여 사고적부가 있으면 연락하여 조치를 취해달라고 사고적부를 하였던 것입니다.

(4) 피행하다 일어난 사고라 피고인이 모를 수 있었습니다.

한편 피고인의 차량이 피해자의 차량과 추돌사고가 있었다면 알 수 있었을 텐데 뒤 따라오던 피해자의 차량이 피고인이 2차선으로 차선변경을 하자 이를 피하려다 가드레인을 충격하는 사고로서 운전이 서툴렀던 피고인으로서는 모를 수 있습니다.

(5) 처분의 부당

이와 같은 상황에서 수사기관에서는 피고인을 도주차량으로 인정하였고, 사고를 수습하지 않았다며 도로교통법위반으로 각 약식기소 처분한 것은 부당합니다.

피고인은 운전이 서툴렀기 때문에 뒤따라오던 피해자의 사고 또한 몰랐던 것인데 동승한 언니가 뒤따라오던 차량이 사고 났다고 하는 바람에 그때서야 피고인은 아 차선변경 때문일 수도 있다는 생각을 하게 되어 바로 차량을 정차하려고 했으나 고속도로여서 오고가는 차량들이 많아 도저히 차량을 세울 수가 없어서 이동하면서 언니에게 동부화재에 사고 적부를 하라고 하였고 언니가 신고를 하였고, 피고인은 오도 갈 수도 없는 상황에서 휴게소까지 가서 차량을 정차한 것입니다.

이러한 피고인의 사정을 감안한다면, 피고인에게 처한 벌금 500만원은 너무나 무겁고 가혹한 처분입니다.

피고인은 이번의 사고로 인하여 아예 운전을 하지 않을 생각으로 많은 것을 뉘우치고 반성하고 있습니다.

(6) 결어

피고인은 운전은 서툴지만 단 한번 도 교통사고를 낸 사실도 없고 도저히 차량을 정차할 수 없었고 언니를 통해서 알게되어 바로 언니를 통하여 동부화재에 사고신고적부를 하고 차량을 정차할 수 없어서 휴게소까지 간 것인데 피고인을 도주차량으로 몰아 부치고 사고수습을 하지 않았다는 이유로 피고인의 변소자체를 들어 주지도 않고 일방적으로 벌금 500만원으로 약식기소 한 처분은 사고경위와 피고인의 당시 상황 등을 참작한다면 너무 무겁고 가혹하여 피고인의 가정형편을 고려하여 감액해 주셨으면 하는 마음이 간절하여 정식재판청구에 이른 것입니다.

피고인은 정말 어렵게 살고 있습니다.

다니던 직장도 퇴직하였지만 현재에 이르기까지 직장을 구하지 못하고 별지 첨부한 고용보험수급자격증명서와 같이 실업급여를 받고 간신히 생계를 유지하고 있는 피고인에게는 벌금 500만원이 너무나 큰돈입니다.

피고인이 벌금을 낼 수 있는 입장이나 형편이 그리 넉넉하지 못해 이러지도 저러지도 못하는 애틋한 사정을 두루 살펴주시고 피고인이 낼 수 있는 형편만큼의 벌금으로 감액해 주셨으면 정말 고맙겠습니다.

4. 소명자료 및 첨부서류

(1) 고용보험수급자격증   1통

○○○○ 년 ○○ 월 ○○ 일

위 피고인 : ○   ○   ○   (인)

창원지방법원 진주지원 약식계 귀중

【정식재판청구서9】 도로교통법위반 음주운전 벌금의 액수가 가정편에 비하여 너무나 가혹하
다며 선처를 호소하고 벌금의 액수를 감액해 달라는 취지의 정식재판청구
사례

정 식 재 판 청 구 서

사 건 번 호 : ○○○○고약○○○○호 음주운전

피 고 인 : ○   ○   ○

대전지방법원 천안지원 약식계 귀중

정식재판청구서

1. 피고인

성 명	○ ○ ○		주민등록번호	생략
주 소	충청남도 천안시 ○○로 ○○길 ○○○, ○○○호			
직 업	회사원	사무실 주 소	생략	
전 화	(휴대폰) 010 - 1234 - 0000			
사건번호	대전지방법원 천안지원 ○○○○고약○○○○호 도로교통법위반(음주운전)			

2. 청구취지

피고인을 벌금 500만원에 처한다는 약식명령을 ○○○○. ○○. ○○. 송달받았으나, 피고인은 이 약식명령에 대하여 벌금액수가 너무 많아 불복이므로 정식재판을 청구합니다.

3. 청구이유

(1) 피고인은 ○○○○. ○○. ○○. ○○:○○경 피고인이 생산하는 건어물을 거래처로 판매하기 위하여 거래처 사장님을 만나 의논을 하면서 맥주를 나누어 마신 것이 운전할 수 있는 정도가 아니고 피고인의 집까지 상당한 거리 때문에 대리운전을 부르기가 어중간해서 거래처 사장님과 헤어진 후 술이 깨기를 기다리면서 4시간 정도 다방과 당구장에서 시간을 보내고 귀가해도 되겠다는 생각이 들어 운전하고 약 200미터 가량 운전하던 중 경찰관의 단속에 의하여 적발되어 운전면허가 취소되었습니다.

(2) 피고인은 음주운전을 피하려고 상당한 시간동안 휴식을 취하는 등 음주운전을 하지 않으려고 노력을 하였다는 점과 지금까지 ○○년이 넘도록 운전을 하였으나 단 한 번도 음주운전을 하였다거나 교통법규를 위반한 사실이 없고 비교적 안전운전을 한 피고인에게 한번 실수를 하였다는 이유로 이렇게 가중한 처분을 한다는 것은 부당한 것으로 생각하고 가정형편이 매우 어려워 벌금을 감액받기 위해 정식재판청구에 이른 것입니다.

(3) 피고인은 이 정도면 운전해도 되겠다는 생각으로 운전을 하였던 것이나 해서는 아니 되는 음주운전을 한 잘못에 대해서는 입이 열 개가 있어도 할 말이 없기 때문에 지금 이 시간에도 뼈저리게 뉘우치고 깊이 반성하고 있습니다.

(4) 피고인은 시골에 계시는 연로하신 노부모님을 모시고 있는 가장입니다. 해산물인 건어물을 취급하여 얻어지는 수입으로 가족을 부양하고 있지만 사회경기가 침체되어 장사가 잘 되지 않아 가정형편이 정말 어렵습니다.

(5) 말로 다 표현할 수는 없습니다만, 피고인의 온 가족은 재판장님께서 결정하시는 재판 결과에 따라 생사가 달려있습니다. 이렇게 어려운 피고인의 가정형편을 조금만 헤아려 주시고 부디 이번 처분에 대해 벌금을 감액해 주시면 우리 가족은 재판장님의 은혜 평생 잊지 않고 열심히 살겠습니다.

4. 소명자료 및 첨부서류

(1) 약식명령서   1통
(2) 가족관계증명서   1통
(3) 부채증명서   1부

(4) 피고인에 대한 인감증명서   1통

○○○○ 년 ○○ 월 ○○ 일

위 피고인 : ○   ○   ○   (인)

대전지방법원 천안지원 약식계 귀중

정 식 재 판 청 구 서

사 건 번 호 : ○○○○고약○○○○호 정보통신망법 명예훼손죄

피 고 인 : ○   ○   ○

부산지방법원 서부지원 약식계 귀중

정식재판청구서

1. 피고인

성 명	○ ○ ○	주민등록번호	생략
주 소	부산광역시 ○○구 ○○로 ○○길 ○○○.		
직 업	회사원	사무실 주 소	생략
전 화	(휴대폰) 010 - 2345 - 0000		
사건번호	부산지방법원 서부지원 ○○○○고약○○○○호 정보통신망 이용촉진 및 정보보호 등에 관한 법률 위반(명예훼손죄)		

2. 청구취지

피고인을 벌금 300만원에 처한다는 약식명령을 ○○○○. ○○. ○○. 송
달받았으나, 피고인은 이 약식명령에 대하여 벌금액수가 너무 많아 불복이
므로 정식재판을 청구합니다.

3. 청구이유

(1) 범죄사실의 요지

누구든지 정보통신망을 통하여 공포심이나 불안감을 유발하는 부호 문
언 음향 화상 또는 영상을 반복적으로 상대방에게 도달하게 하여서는
아니 된다.
그럼에도 불구하고 피고인은 ○○○○. ○○. ○○. 13:45경 불상의
장소에서 피고인의 휴대전화기로 피해자의 휴대전화기에 '~이' 라는
내용의 문자메시지를 전송하여 피해자에게 도달하게 한 것을 비롯하여

위 일시 경부터 ○○○○. ○○. ○○.까지 사이에 별지 범죄일람표 기재와 같이 총 ○○회에 걸쳐 피해자에게 위와 같은 방법으로 문자메시지를 전송하여 정보통신망을 통하여 공포심이나 불안감을 유발하는 문언을 반복적으로 도달하게 하였다.

(2) 피고인의 범죄는 피해자에 의하여 유발된 범죄

가, 피해자가 보낸 문자메시지

피해자가 보낸 문자메시지를 파일로 첨부하였으니 참고하시기 바랍니다.

나, ○○○○. ○○. ○○. 피해자에 의한 폭행

다, 이 사건 문자메시지 발송 당시상황

(3) 공포심이나 불안감을 유발하지 않았습니다.

가, 피고인이 피해자에게 ○○회에 걸쳐 별지 범죄일람표 기재와 같이 문자메시지를 보낸 행위가 정보통신망 이용촉진 및 정보보호 등에 관한 법률 제65조 제1항 제3호에 해당한다고 하려면 피고인이 보낸 위 문자메시지가 피해자로 하여금 공포심이나 불안감을 유발하게 하는 글이라고 인정할 수 있어야 합니다.

나, 위 법조항의 '공포심'은 두려워하거나 무서워하는 마음을 가리키는 것이고, '불안감을 유발하는 글'이란 문자로 보내진 통신의 내용이 상대방의 개인적 사정까지 고려하여 객관적으로 상대방에게 걱정·근심이나 약간의 공포심에는 이르지 않는 정도의 두려움을 직접적으로 야기할 정도에 이르는 것을 가리킨다고 이해하여야 할 것입니다.

다, 그런데 위 문자메시지는, 그 내용이 실제로 있었던 피해자의 무분별하고 난잡한 성관계 사실을 피해자에게 알리는 것으로서 어떤 해악을 고지·암시하는 것은 아니고, 그 표현은 피해자의 무분별하고 난잡한 성관계 사실을 비판하는 내용의 단어를 쓰고 있으므로, 표면상으로 위 문자메시지로 인하여 직접적으로 공포심이나 불안감이 야기될 것으로는 여겨지지 않고, 다만 위 문자메시지를 받는 피해자로 하여금 다소간의 모욕감과 불쾌감을 느끼게 할 수 있을 것으로 보일 뿐입니다.

라, 따라서 위 문자메시지가 피해자에게 공포심이나 불안감을 유발하는 내용이라고 보기 어려우므로 이 부분 공소사실은 범죄의 증명이 없는 경우에 해당하여 무죄라고 할 것입니다.

특히, 범죄일람표 기재와 같은 문자메시지들은 성적인 표현 위주로 되어 있어 설령 모욕감을 줄 수는 있을지언정, 이를 두고 공포심이나 불안감을 유발한다고 보기는 어렵습니다.

더군다나 형벌법규는 문언에 따라 엄격하게 해석·적용하여야 하고, 피고인에게 불리한 방향으로 지나치게 확장해석하거나 유추해석하여서는 아니 된다는 대법원의 일관된 입장을 감안하여 주시기 바랍니다.

(4) 피고인의 정상참작 사유

피고인은 피해자와 교제하는 과정에서 일어난 이유를 헤어진 것에 감정을 품고 피해자가 먼저 피고인에게 문자메시지를 보내면서 압박을 가한 것에 토로하고 이를 바로잡기 위해 피해자에게 답신으로 보낸 문자메시지로서 누가 보아도 모욕감이나 불쾌감이 없는 것이라는 사실을 참작하여 주시기 바랍니다.

(5) 위와 같은 점을 고려할 때 피고인에 대한 벌금 300만원의 약식명령은 너무도 가중하다 아니할 수 없으므로 피고인은 이에 불복이 있어 정식 재판을 청구하기에 이르렀사오니 선처해 주시기 바랍니다.

4.소명자료 및 첨부서류

(1) 약식명령서   1통
(2) 재직증명서   1부
(3) 가족관계증명서   1통
(4) 피고인에 대한 인감증명서   1통

○○○○ 년 ○○ 월 ○○ 일

위 피고인 : ○   ○   ○   (인)

부산지방법원 서부지원 약식계 귀중

▣ 대한실무법률편찬연구회 ▣

연구회 발행도서
- 2018년 소법전
- 법률용어사전
- 고소장 장석방법과 실무
- 탄원서 의견서 작성방법과 실무
- 소액소장 작성방법과 실무
- 항소 항고 이유서 작성방법과 실제
- 지급명령 신청방법

사례별 작성, 접수, 마무리까지

공소장의견서 · 정식재판청구서
작성방법과 실제

정가 24,000원

2019年 2月 5日 1판 인쇄
2019年 2月 10日 1판 발행
편   저 : 대한법률편찬연구회
발 행 인 : 김 현 호
발 행 처 : 법문 북스
공 급 처 : 법률미디어

서울 구로구 경인로 54길4 (우편번호 : 08278)
TEL : (02)2636-2911~2, FAX : (02)2636~3012
등록 : 1979년 8월 27일 제5-22호
Home : www.lawb.co.kr

▌ISBN 978-89-7535-708-4 (13360)
▌이 도서의 국립중앙도서관 출판예정도서목록(CIP)은 서지정보유통지원
시스템   홈페이지(http://seoji.nl.go.kr)와   국가자료종합목록시스템
(http://www.nl.go.kr/kolisnet)에서 이용하실 수 있습니다. (CIP제어번
호 : CIP2019003821)

사례별
고소장의견서
정식재판청구서
작성방법과 실제

유형별 사례들을 수록하여
유익하고 활용가치가 높은 서식실무!

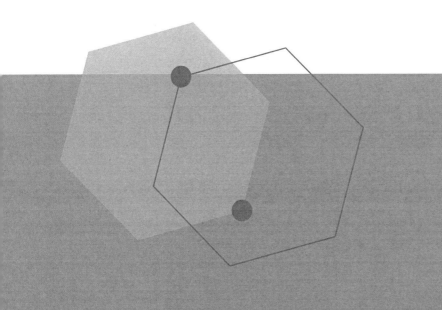

13360

ISBN 978-89-7535-708-4

24,000원